A MÍSTICA DO INSTANTE

AMISTICA DOMSTANTE

José Tolentino Mendonça

A MÍSTICA DO INSTANTE

O tempo e a promessa

Paulinas

Dados Internacionais de Catalogação na Publicação (CIP)
(Câmara Brasileira do Livro, SP, Brasil)

Mendonça, José Tolentino
  A mística do instante : o tempo e a promessa / José Tolentino Mendonça. – São Paulo : Paulinas, 2016. – (Coleção travessias)

Bibliografia
ISBN 978-85-356-4081-6

1. Deus - Conhecimento 2. Deus - Onipotência 3. Espiritualidade 4. Vida cristã I. Título. II. Série.

16-00152   CDD-248.4

Índices para catálogo sistemático:
1. Espiritualidade : Cristianismo 248.4
2. Vida espiritual : Cristianismo 248.4

Título original da obra: *A mística do instante. A promessa e o tempo*
© Setembro, 2014, Inst. Missionário Filhas de São Paulo - Prior Velho, Portugal.

1ª edição – 2016
9ª reimpressão – 2024

Direção-geral:	Bernadete Boff
Editora responsável:	Vera Ivanise Bombonatto
Copidesque:	Cirano Dias Pelin
Coordenação de revisão:	Marina Mendonça
Revisão:	Equipe Paulinas
Gerente de produção:	Felício Calegaro Neto
Projeto gráfico:	Manuel Rebelato Miramontes
Diagramação:	Jéssica Diniz Souza
Imagem de capa:	Kazuyoshi Nomachi/Corbis/Latinstock

Nenhuma parte desta obra poderá ser reproduzida ou transmitida por qualquer forma e/ou quaisquer meios (eletrônico ou mecânico, incluindo fotocópia e gravação) ou arquivada em qualquer sistema ou banco de dados sem permissão escrita da Editora. Direitos reservados.

Cadastre-se e receba nossas informações
paulinas.com.br
Telemarketing e SAC: 0800-7010081

Paulinas
Rua Dona Inácia Uchoa, 62
04110-020 – São Paulo – SP (Brasil)
📞 (11) 2125-3500
✉ editora@paulinas.com.br

© Pia Sociedade Filhas de São Paulo – São Paulo, 2016

"É místico aquele ou aquela
que não pode deixar de caminhar."

Michel de Certeau. *La Fable mystique*.

1.

Para uma espiritualidade do tempo presente

Se tivéssemos de buscar um sinônimo para espiritualidade, diríamos, sem muito risco de errar, interioridade. E interioridade parece ser também a noção mais afim à ideia de mística. "Fecha a porta dos teus sentidos/ e procura Deus no profundo" – propunha um dos expoentes do pietismo no século XVIII. A sua proposta representa bem aquilo que poderíamos designar por "mística da alma". De que se trata, afinal? Da consideração de que o caminho que nos conduz a Deus é fundamentalmente um exercício interior que implica uma relativização ou mesmo uma renúncia dos sentidos corporais. Para alcançar o divino a alma tem de mergulhar na própria alma. O divino oculta-se às possibilidades do corpo e à sua gramática, e não se deixa detectar senão pelo radar da profundidade mais estrita. O divino é o mistério. A via para ele passa por desligar-se do mundo, do mundo habitual e cotidiano, e reentrar no espaço interior, esse sim a morada que guarda Deus religiosamente.

Numa obra que teve um grande impacto na imaginação cristã, e que trazia o emblemático título de *A verdadeira religião*, Santo Agostinho dizia: "Não saias para fora de ti, retorna a ti mesmo, porque a verdade habita no homem interior". Há que reconhecer que grande parte da mística cristã, mais antiga e até contemporânea, glosou indefinidamente este motivo, o que mostra quanto é oportuna uma releitura desse precioso patrimônio à luz de uma antropologia mais integradora. O grande São João da Cruz, por exemplo, na segunda metade do século XVI, explicava que, "quanto mais a alma vai às escuras, e vazia de suas operações naturais, tanto mais segura vai". A subida ao monte místico implicava tomar como programa esta "noite sensitiva": procurar "o espiritual e interior" e combater "o espírito da imperfeição segundo o sensual e exterior". Mas esse modelo marcou e marca ainda referentes da mística cristã mais próximos de nós. Em pleno coração comercial de Louisville, cidade do estado americano do Kentucky, há uma placa assinalando que ali, no ano de 1958, ocorreu a segunda conversão do monge trapista Thomas Merton. Nessa época ele já era mundialmente conhecido como autor no domínio da espiritualidade. O volume que o tinha lançado, dez anos antes precisamente, havia sido a sua autobiografia, *A montanha dos sete patamares*, onde o paradigma da fuga ao mundo estava completamente presente. Andando agora por Louisville, abraçando a marcha frenética de uma multidão naquele epicentro comercial, Merton teve a intuição de que afinal não existia diferença alguma ou separação entre ele e aquele povo desencontrado e sedento. Sentiu-se simplesmente membro da família humana, da qual o próprio Filho de Deus quis fazer parte. Nascia assim uma nova etapa da sua espiritualidade, crítica em relação à primeira. Thomas Merton percebia que a mística só pode ser uma experiência cotidiana, solidária e integrativa.

Há mais espiritualidade no corpo

De um lado, a excessiva internalização da experiência espiritual e, de outro, o distanciamento do corpo e do mundo permanecem, porém, em grande medida, características destacadas da espiritualidade que se pratica. O que é espiritual vem considerado superior àquilo que vivemos sensorialmente. O primeiro é estimado como complexo, precioso e profundo. O segundo é visto como epidérmico e sempre um pouco frívolo. E há uma sintomática condição descarnada na vivência do religioso, que se refugia voluntariamente numa representação de alteridade em relação ao mundo, do qual se considera (vem sendo considerado) distante, para não dizer estranho. Na chamada "mística da alma", o Espírito divino é radicalmente outro em face do instante presente. E em face do destino histórico e pungente das criaturas.

O realismo narrativo que a Bíblia adota não deixa, porém, de surpreender, e isso acontece desde os momentos iniciais. De fato, no núcleo da revelação bíblica não encontramos as dissociações que se tornaram tão correntes entre alma e corpo, interior *versus* exterior, prática religiosa e vida comum. No centro está a vida, a vida que Deus ama porque, como ensina Jesus, ele "não é Deus de mortos, mas de vivos" (Lc 20,38). Tal como não encontramos nenhuma aversão em relação ao corpo. Lê-se no relato de Gn 2,4-7:

> Quando o Senhor Deus fez a terra e os céus, e ainda não havia arbusto algum pelos campos, nem sequer uma planta germinara ainda, porque o Senhor Deus ainda não tinha feito chover sobre a terra, e não havia homem para a cultivar, então o Senhor Deus formou o homem do pó da terra e insuflou-lhe pelas narinas o sopro da vida, e o homem transformou-se num ser vivo.

O que é este "sopro vital"? É nada menos que o hálito de Deus, o seu Espírito que agora passa a estar ativo em cada vivente, percebido como fonte mesma da existência e codificado nos sentidos e manifestações vitais da pessoa humana. Com a criação (isto é, desde o princípio dos princípios) ficou estabelecida uma fascinante e inquebrável aliança: aquela que une espiritualidade divina e vitalidade terrestre. Pois onde experimentaremos melhor, a partir de agora, o Espírito de Deus senão no extremo da carne tornada vida? Onde contataremos com o seu sopro senão a partir do barro? Onde nos abriremos à sua tangível passagem senão através dos sentidos?

A concepção bíblica afasta-se propositadamente das versões espiritualistas. Ela defende uma visão unitária do ser humano, em que o corpo não é visto nunca como um revestimento exterior do princípio espiritual ou como uma prisão da alma, como pretende o platonismo e as suas réplicas tão disseminadas. No âmbito da criação, o corpo exprime a imagem e semelhança de Deus (cf. Gn 1,27). Como afirma Louis-Marie Chauvet, "o mais espiritual não acontece de outra forma que não na mediação do mais corpóreo". Poderíamos adaptar, por isso, aquela frase de Nietzsche: "Há mais razões no teu corpo que na tua melhor sabedoria", dizendo que "há mais espiritualidade no nosso corpo que na nossa melhor teologia".

O corpo é a língua materna de Deus

Ancorados na semente divina que não apenas transportam, mas que eles mesmos são, mulheres e homens descobrem-se chamados a apropriar-se criativamente, e com todos os seus sentidos, do desabalado prodígio da vida. A vida é o imenso laboratório para a atenção, a sensibilidade e o espanto que nos permite reconhecer em cada instante, por mais precário e escasso que este seja, a reverberação de uma fantástica presença: os passos do próprio Deus. Precisamos olhar de novo o corpo que somos e a nossa existência como profecia de um amor incondicional: "Deus amou de tal maneira o mundo, que lhe entregou o seu Filho Unigênito, a fim de que todo o que nele crê não se perca, mas tenha a vida eterna" (Jo 3,16) – escreve o evangelista João. O corpo que somos é uma gramática de Deus. É através dele que a aprendemos, e não mentalmente apenas. Merleau-Ponty recorda-nos, com razão, que nos ligamos à nossa língua materna, antes mesmo da aprendizagem linguística, através do corpo: esses signos sonoros tiveram primeiro de habitar-nos, estiveram longamente mergulhados na noturna memória do corpo, inscreveram-se dentro do nosso sono, tatuaram-se na nossa pele. Com a língua de Deus não é de outra maneira. Maravilhosa imagem é essa que nos vem oferecida pelo salmo: "Quando os meus ossos estavam sendo formados,/ e eu, em segredo, me desenvolvia,/ tecido nas profundezas da terra,/ nada disso te era oculto.// Os teus olhos me viram em embrião" (Sl 139,15-16). Essa imagem nos mostra que o nosso corpo é ele mesmo língua materna. Língua materna de Deus. Por isso a "mística dos sentidos ou do instante" que passaremos a propor, em contraponto à "mística da alma", não poderá ser senão uma espiritualidade que encare os sentidos como caminho que conduz e porta que nos abre ao encontro de Deus. Escreve o teólogo Karl Rahner: "Este mistério radical é proximidade e não distância, amor que se dá a si mesmo e não juízo". Deus espera por nós em tudo o que encontramos. Não se trata de reentrar na esfera íntima e esquecer todo o resto. O desafio é estar em si e experimentar com todos os sentidos a realidade daquilo e daquele que vem. O desafio é atirar-se para os braços da vida e ouvir aí o bater do coração de Deus. Sem fugas. Sem idealizações. Os braços da vida como ela é. Lembro-me desse documento humano irrenunciável que é o diário espiritual que Etty Hillesum escreveu no campo de concentração. Em horas escuríssimas da história contemporânea, e sem nenhuma expectativa de vir a ser escutada, ela confessava:

> Como isto é estranho. É guerra. Há campos de concentração. Pequenas crueldades amontoam-se por cima de pequenas crueldades... Sei do grande sofrimento humano que se vai acumulando, sei das perseguições e da opressão... Sei de tudo isso e continuo enfrentando cada pedaço de realidade que se me impõe. E num momento inesperado, abandonada a mim própria, encontro-me de repente encostada ao peito nu da Vida e os braços dela são muito macios e envolvem-me, e nem sequer consigo descrever o bater do seu coração: tão fiel como se nunca mais findasse...

A sociedade do cansaço

Todas as épocas têm as suas patologias e estas funcionam como indicadores que vão além do diagnóstico banal. As enfermidades dominantes nos mostram o ponto de dor escondido, revelam comportamentos e compulsões, desocultam a vulnerabilidade que é a nossa, mas que raramente queremos ver. Ora, o grande combate dos séculos que nos precederam foi contra as bactérias e os vírus. A invenção dos antibióticos e das vacinas, partindo do reforço imunológico, sem resolver tudo, torna, no entanto, esses problemas sanitários controlados. É verdade que de vez em quando irrompe o pânico de uma pandemia viral, mas essa não é a questão que condiciona mais profundamente os nossos cotidianos e práticas. O filósofo Byung-Chul Han, seguido atentamente em círculos cada vez mais amplos, defende que este começo do século XXI, do ponto de vista das patologias marcantes, é fundamentalmente neuronal. O sol negro da depressão, os transtornos de personalidade, as anomalias da atenção (seja por hiperatividade, seja por uma neurastenia paralisante), a síndrome galopante do desgaste ocupacional que nos faz sentir devorados e exauridos por dentro à maneira de uma terra queimada, definem o difícil panorama da década presente e das que virão. Essas enfermidades não são infecções, mas modalidades vulneráveis de existência, fragmentações da identidade, incapacidades de integrar e refazer a experiência do vivido.

A verdade é que as nossas sociedades ocidentais estão vivendo uma silenciosa mudança de paradigma: o excesso (de emoções, de informação, de expectativas, de solicitações...) está atropelando a pessoa humana e empurrando-a para um estado de fadiga, de onde é cada vez mais difícil retornar. O risco é o aprisionamento permanente nesse cansaço, como explicava profeticamente Fernando Pessoa: "Estou cansado, é claro,/ Porque, a certa altura, a gente tem de estar cansado./ De que estou cansado não sei:/ De nada me serviria sabê-lo/ Pois o cansaço fica na mesma".

Combater a atrofia dos sentidos

"Accende lumen sensibus" ("Ilumina os sentidos"), recitava uma antiga invocação litúrgica, não deixando dúvidas sobre o necessário envolvimento dos sentidos corporais na expressão crente. Os sentidos do nosso corpo abrem-nos à presença de Deus no instante do mundo. Se estamos com boa saúde, temos ao nosso dispor cinco sentidos (tato, paladar, olfato, visão e audição), mas a verdade é que não os aperfeiçoamos a todos devidamente, ou, pelo menos, não os temos desenvolvidos da mesma maneira.

Podemos receber e transmitir informações tão diversas pelos sentidos porque dispomos de um cérebro que elabora e dirige. Mas falta-nos uma educação dos sentidos que nos ensine a cuidar deles, a cultivá-los, a apurá-los. "Não sei sentir, não sei ser humano", escrevia ainda Fernando Pessoa. E continuava: "Senti demais para poder continuar a sentir". Efetivamente, o excesso de estimulação sensorial em que estamos mergulhados tem um efeito contrário. Não amplia a nossa capacidade de sentir, mas contamina-a com uma irremediável atrofia. "Ah, se ao menos eu pudesse sentir!" é a proposição do desespero contemporâneo, que advém depois de se ter experimentado tudo, em vertigem e convulsão. Mas também a indiferença aos sentidos, que o cinismo induzido a dada altura da vida promove, não deixa de ser um menor instrumento de aniquilação. "A pele não me ensinou nada", lamentava-se o poeta René Crevel em *O meu corpo e eu*. Este é um território onde a mística dos sentidos pode desempenhar um papel de reconversor básico, porque nela, como explica Michel de Certeau, "o corpo é informado". A pele ensina.

Diversos são, no entanto, os quadros existenciais que nos conduzem às patologias dos sentidos e nos empurram para uma espécie de astenia. Passaremos, em seguida, em revista, mesmo se brevemente, quatro experiências dessa ordem: o sofrimento humano, o luto, o aprisionamento da vida pela rotina ou os efeitos da nossa exposição atual ao excesso de comunicação.

Do lado do sofrimento

Vivemos numa sociedade dominada cada vez mais pelo mito do controle. E o seu postulado dogmático é este: a receita para uma vida realizada é a capacidade de controlá-la em 360 graus. Não percebemos até que ponto uma mentalidade assim representa a negação do princípio de realidade. Isto para dizer como somos pouco ajudados a lidar com a irrupção do inesperado que hoje o sofrimento representa. Sentimos a dor como uma tempestade estranha que se abate sobre nós, tirânica e inexplicável. Quando ela chega, só conseguimos nos sentir capturados por ela, e os nossos sentidos tornam-se como persianas que, mesmo inconscientemente, baixamos. A luz já não nos é tão grata, as cores deixam de levar-nos consigo na sua ligeireza, os odores atormentam-nos, ignoramos o prazer, evitamos a melodia das coisas. Damos por nós ausentes nessa combustão silenciosa e fechada onde parece que o interesse sensorial pela vida arde. "A dor é tão grande, a dor sufoca, já não tem ar. A dor precisa de espaço", escreve

Marguerite Duras nas páginas autobiográficas do volume a que chamou *A dor*. E descobrimo-nos mais sós do que pensávamos no meio desse incêndio íntimo que cresce. Nas etapas de sofrimento a impotência parece aprisionar enigmaticamente todas as nossas possibilidades. E colocamos em dúvida que este limitado corpo que somos seja o lugar para viver a nossa aventura total ou um fragmento dela que seja significativo. Precisaríamos de recursos que nos capacitassem a vivenciar a incapacidade, provocada pela dor, com outro ânimo e outro olhar.

Do lado do luto

O luto é um manto de tristeza que oculta dois corpos: o corpo amado que parte e o nosso próprio corpo que, permanecendo, tem, no entanto, absoluta necessidade de acompanhá-lo, não só no plano afetivo e simbólico, mas também pela diminuição dos nossos indicadores vitais. Lembro-me da descrição que abre o romance *As ondas*, de Virginia Woolf, onde há uma frase que, no meu entender, descreve exatamente o que é o luto: a separação entre o céu e o mar. "Uma barra de sombra desceu no horizonte, separando o céu do mar, e o grande tecido cinzento ficou marcado por grossas linhas que se agitavam sob a superfície, perseguindo-se num ritmo sem fim." A experiência da perda é também um desses segredos do corpo, de si para si, com o qual é-nos cada vez mais difícil lidar. Por um lado, a morte tornou-se um tabu. É mais desagradável referi-la do que soltar uma obscenidade. Ocultamo-la por todos os meios. E depois, por outro lado, quando nos cabe saber que os que amamos partem, isso nos mergulha numa dor e numa solidão extremas. Entramos, então, numa espécie de suspensão, de recuo em face da vida, de eclipse na nossa relação não só com o exterior, mas com o corpo que somos. Faltam-nos mestres que nos ajudem a avizinhar-nos da morte e do que ela representa para a nossa humanidade. Precisaríamos primeiro chorar a nossa impossibilidade de consolação (extraordinária frase do Antigo Testamento que São Mateus recupera para o seu Evangelho, na cena da morte dos inocentes: "Ouviu-se uma voz em Ramá, uma lamentação e um grande pranto: é Raquel que chora os seus filhos e não quer ser consolada" – Mt 2,18). Precisaríamos depois chorar e ser consolados, em pequenos passos. E integrar então, progressivamente, a ausência numa nova compreensão desse mistério que é a presença dos outros na nossa vida.

Do lado do aprisionamento da vida pela rotina

A rotina começa por ser um esforço de regularidade nos vários planos da existência, esforço que, temos de dizer, é em si positivo. A vida seria impossível se o eliminássemos de todo. As rotinas têm um efeito saudável: tornando o cotidiano uma cadeia de situações que podem ser aguardadas, que nos permitem habitar com confiança o tempo. Mas o que começa por ser bom esconde também um perigo. De repente, a rotina substitui-se à própria vida. Quando tudo se torna óbvio e regulado, deixa de haver lugar para a surpresa. Cada dia é simplesmente igual ao anterior. A nossa viagem passa para as mãos de um piloto automático, que só tem de aplicar, do modo mais maquinal que for capaz, as regras previamente estabelecidas. Os sentidos adormecem. Bem podem os dias ser novos a cada manhã ou o instante abrir-se como um limiar inédito, que nunca os cruzaremos assim. Os nossos olhos sonolentos veem tudo como repetido. E, sem nos darmos conta, acontece-nos o que o salmo bíblico descreve a propósito dos ídolos: "Têm boca, mas não falam; olhos têm, mas não veem./ Têm ouvidos, mas não ouvem; narizes têm, mas não cheiram./ Têm mãos, mas não palpam" (Sl 115,5-7). Podemos equivocadamente pensar que nos é possível viver assim. Mas chega o tempo, como recorda o livro do Eclesiastes, em que "a vista não se sacia com o que vê, nem o ouvido se contenta com o que ouve" (Ecl 1,8). A rotina não basta ao coração do homem. O grande desafio é, a cada dia, voltar a olhar tudo pela primeira vez, deslumbrando-se com a surpresa dos dias. É reconhecer que este instante que passa é a porta por onde entra a alegria. Mas para isso teremos de recuperar a sensibilidade à vida, à sua desconcertante simplicidade, ao seu canto frágil, às suas travessias. A vida que já nos havíamos habituado a consumir no relâmpago que dura um fósforo, sem ouvi-la verdadeiramente, sem conspirar para a sua plenitude. A fim de responder à pergunta sobre o sentido que em certo momento nos assalta ("que sentido tem a vida que levo?") é indispensável uma pedagogia de reativação dos sentidos.

Do lado do excesso de comunicação

Não somos apenas o nosso corpo, estamos também integrados num *corpus* social, que solicita, expande e reprime a nossa sensibilidade. Basta ouvir aquele que foi o maior teórico da comunicação do século XX, Marshall McLuhan, para perceber até que ponto isso é aproveitado pela sociedade de comunicação global, para quem o indivíduo passa a ser uma presa. O que diz McLuhan sobre a televisão, por exemplo, é imensamente elucidativo: "Um dos efeitos da televisão é retirar a identidade pessoal. Só por ver televisão as pessoas tornam-se num grupo coletivo de iguais. Perdem o interesse pela singularidade pessoal". Se repararmos, os meios que lideram a comunicação humana contemporânea (da televisão ao telefone, do *e-mail* às redes sociais) interagem apenas com aqueles dos nossos sentidos que captam sinais a distância: fundamentalmente a visão e a audição. Origina-se, assim, uma descontrolada hipertrofia dos olhos e dos ouvidos, sobre os quais passa a recair toda a responsabilidade pela participação no real. "Você viu aquilo?", "você já ouviu a última do...": os nossos cotidianos são continuamente bombardeados pela pressão do ver e do ouvir. O mesmo se passa com a locomoção: seja pilotando um avião, conduzindo um automóvel, seja o trabalhador se deslocando nas artérias das cidades modernas, o fundamental são os sentidos que colhem a informação visual e sonora. Nem será necessário lembrar que não é assim em todas as culturas. Essa sobrecarga sobre os sentidos que captam o que está mais afastado de nós esconde o subdesenvolvimento e a pobreza em que os outros são deixados. Ao mesmo tempo que floresce a indústria dos perfumes, desaprendemos a distinguir o aroma das flores. Por mais que isso seja dez mil vezes mais prático, passar pela frutaria do inodoro hipermercado não é a mesma coisa que atravessar a catedral de aromas de um pomar. E de modo semelhante com os outros sentidos que implicam proximidade: o paladar e o tato. Hoje, só os profissionais arriscam provas cegas das comidas ou bebidas. Mas mesmo aí são cada vez mais os olhos que comem, pelo investimento no impacto decorativo dos pratos, pelo requinte do *design* ou pela manipulação do próprio sabor. Para não falar do tato. A nossa distância da natureza é tão grande que deixamos de saber coisas tão elementares como caminhar descalço, dobrar-se na clareira e afastar mansamente as folhas da fonte para beber devagarinho, ou acariciar a vida desprotegida que se avizinha de nós. Assim nos tornamos os "analfabetos emocionais" que somos, resumia o cineasta Ingmar Bergman. Não será tempo de voltarmos aos sentidos? Não será esta uma oportunidade propícia para os revitalizar? Não é chegado o instante de compreender melhor aquilo que une sentidos e sentido?

Redescobrir o tato

Pensou-se, desde a Antiguidade clássica, que o primeiro dos sentidos fosse o tato, mesmo se ele aparece apenas em terceiro lugar na escala que Aristóteles apresentava então. Na ordem da criação ele tem certamente a primazia. O desenvolvimento dos sentidos no feto começa provavelmente com o tato. Depois, com o nascimento, é também através do contato físico que experimentamos a realidade: o frio e o calor, o familiar e o estranho, o desconforto e o consolo. Todo o objeto vem avaliado pelo nascituro através do tato, que para isso o leva inevitavelmente à boca e às mãos. Muito legitimamente, o tato vem descrito como o nosso "grande olho primeiro".

A pele recobre o nosso corpo, da cabeça aos pés. Ela divide e ao mesmo tempo une o mundo exterior e o interno. A pele lê a textura, a densidade, o peso e a temperatura da matéria. O sentido do tato conecta-nos com o tempo e a memória: através das impressões do tato fazemos intermináveis viagens sem as quais não seríamos quem somos. O tato permite que não esbarremos apenas uns nos outros, mas que existam encontros. Por isso a pergunta que um dia Jesus fez no meio de uma multidão compacta continua a ser significativa: "Quem me tocou?" (Mc 5,31). Os discípulos bem tentavam, em vão, dissuadi-lo, lembrando que uma massa de gente o apertava e tocava de todos os lados. Mas o que Jesus afirma é que há um tocar e um *tocar*.

> As mãos são um organismo complexo, são um delta no qual desemboca uma vida que vem de muito longe, para transformar-se numa torrente imensa de ação. Há uma história das mãos; têm por direito próprio a sua beleza; assiste-lhes o direito de ter o seu próprio desenvolvimento, seus desejos próprios, seus sentimentos,

escreveu Rainer Maria Rilke. E o que dizemos das mãos podemos dizer da pele. A nossa autobiografia é assim também uma história da pele e do tato, da forma como tocamos ou não, da forma como fomos e não fomos tocados, mesmo se essa continua, em grande medida, um relato submerso, em que não pensamos. E, contudo, ela tem tanto a ensinar-nos. Existe um tipo de conhecimento, não apenas na primeira infância, mas pela vida fora, que só nos chega através do tato.

O pintor Miró falava sempre da origem tátil da sua arte. Na juventude, em Barcelona, teve por mestre o arquiteto Francisco Gali, que, embora sendo um acadêmico muito convencional, era capaz de aventurar por caminhos inesperados na iniciação dos seus estudantes. Miró confessa que não era propriamente um virtuoso no desenho e que seu mestre o ajudou assim: colocava-lhe uma venda nos olhos para que ele tocasse os objetos com os dedos e não apenas com o olhar. Miró, então, fechava os olhos, agarrava uma pequena pedra, tateava-a, palpava-a, revirava-a várias vezes nas suas mãos. E desenhava-a. O pintor catalão dizia-se incapaz de chegar à representação do mundo de outra maneira.

Regressar ao paladar

Querendo ou não, somos herdeiros de teorias que introduzem hierarquias de dignidade entre os sentidos. Para Santo Tomás de Aquino, por exemplo, a visão era o mais espiritual e perfeito dos sentidos. E, segundo ele, devia-se distinguir entre sentidos superiores e sentidos inferiores. Os inferiores seriam o tato, o olfato e o paladar, porque prevalentemente afetivos. Dentre esses, o paladar parece mesmo o mais limitado, pois restringe a sua atividade à cavidade oral. Organiza-se em cinco categorias elementares apenas: o amargo e o doce, o salgado e o azedo, e o *umami*, a categoria mais recente a ser *consensualizada* (apenas no ano de 1985), e que talvez seja ainda desconhecida de muitos. O *umami* (escreve-se assim, sem tradução) significa, em japonês, "saboroso". O *umami* possui um gosto residual suave, mas duradouro, difícil de descrever, mas completamente identificável. Segundo alguns, arredonda o sabor. Na próxima vez que forem a um restaurante japonês, perguntem.

Jean-Jacques Rousseau recorda uma grande verdade: há milhares de coisas indiferentes ao tato, ao ouvido ou à visão, mas não há quase nada que seja indiferente ao gosto. Na floresta densíssima que é o pensamento de Feuerbach, encontramos uma expressão de rara transparência, aquela que fala do "evangelho dos sentidos". E questionando a divisão tradicional entre sentidos superiores e inferiores, no que respeita às suas qualidades cognitivas, Feuerbach defendia que também o paladar se eleva no homem à dignidade de ato científico e espiritual.

Por desconsiderado que o paladar tenha sido no *ranking* dos sentidos, acredita-se hoje que ele desempenhou um papel de pivô no desenvolvimento da espécie humana. Segundo Richard Wrangham, estudioso dos primatas da Universidade Harvard, foi o aparecimento da cozinha que permitiu aos nossos antepassados triplicar as dimensões do cérebro. Ele não hesita em dizer que, "abrindo caminho para a expansão do cérebro humano, a cozinha [e, por essa via, o paladar] tornou possíveis resultados cerebrais como a pintura nas cavernas, a composição das grandes sinfonias ou a invenção da *internet*".

A reavaliação do paladar que agora ocorre tem acontecido também como evidência de uma mudança de época. Sentimos necessidade de uma sabedoria mais integradora, para quem o decisivo não seja apenas a mente, mas a realidade total de corpo e mundo que somos. Para quem a reflexão sobre as práticas do cotidiano ou sobre um sentido como o paladar não constituam um desvio, pois podem efetivamente proporcionar uma maior consciência de nós mesmos. A capacidade gustativa representa uma das forças mais elementares da vida. Não é de estranhar a ligação essencial que se costura entre saber e sabor, que a própria etimologia latina confirma (*sapere, sapore*). O excelente pedagogo que foi Rubem Alves costumava dizer que, "para entrar numa escola, alunos e professores deveriam passar antes por uma cozinha" e aprender que a sabedoria, tal como o paladar, é uma arte do desejo.

Revisitar o olfato

O olfato é uma via imensa para o conhecimento, mas de forma muito sutil! Ele atua em nós despertando-nos para um contato *de fusão* com o mundo, um contato ao mesmo tempo imediato, flagrante e íntimo. Há uma indizível informação que se desprende dos seres, das coisas ou dos ambientes e que se colhe unicamente através do odor. Um odor é, por exemplo, muito diferente de uma imagem. A relação entre sujeito e objeto na imagem é da ordem da representação, enquanto a percepção olfativa cola-se a nós, é impregnação pura. A imagem fala de um objeto que está fora de nós. Quando o olfato sinaliza um perfume, é porque ele já nos atingiu.

Ao fim da primeira semana de vida, o bebê reconhece a mãe pelo cheiro. E também acontece que, muitos anos depois, as mães ainda sentem saudades do cheiro único do seu bebê. Uma das frases mais emblemáticas da primeira exortação apostólica do Papa Francisco foi a recomendação para que os pastores vivam impregnados do "cheiro do rebanho", e todos percebemos o que ele quis dizer com isso.

Há arquitetos que defendem que se subestima o impacto dos odores na nossa percepção do espaço. Os lugares têm uma personalidade olfativa que deve ser cuidada, pois ela traduz a memória e o afeto pelo nosso *habitat* de origem. Ainda que volátil, o odor não deixa de representar um patrimônio. Quantas vezes, imprevistamente, uma informação olfativa vai arrancar do fundo mais remoto do nosso inconsciente uma recordação: a casa da nossa infância, um velho armário, um brinquedo, uma estação, uma pessoa que amamos. Sobre esse fenômeno o filósofo Walter Benjamin escreveu que do reconhecimento de um odor esperamos mais do que qualquer outra recordação: não esperamos senão o privilégio de ser consolados, pois "um odor desfaz anos inteiros no odor que ele lembra". Quando as nossas capacidades olfativas se atrofiam, declina também a diversidade da cartografia vivida das nossas emoções. O nosso cérebro pode reconhecer cerca de dez mil diferentes odores, que se ampliam ainda no cruzamento com aromas e perfumes, e cada um deles desperta em nós sensações que nem sempre a linguagem é capaz de descrever. Isso faz do olfato um sentido decisivo, mesmo se em torno dele tudo se passe de maneira tão discreta.

O termo alemão *suchen*, que significa "procurar", vem do linguajar dos caçadores, e a explicação que fornece é esta: cada um de nós procura um vestígio que sentiu primeiro no nariz. É assim que através de matagais, acidentadas paisagens de montanha, por pastos imprevisíveis ao longo de destroços, o caçador e o seu cão perseguem, não sem um pouco de medo, a memória desse cheiro. Será também que é o cheiro de Deus que nos leva a Deus? Em seus tratados, São Boaventura fala dos *vestigia odorifera* de Cristo. E a poetisa Adília Lopes termina assim o belo poema intitulado "O cheiro de Jesus": "Sem eira/ nem beira/ (sem telhado/ com telha)/ cheira a Jesus".

Retornar à audição

O mundo que nos rodeia é completamente sonoro, e dessa paisagem de imensidão o ouvido humano capta apenas uma parte. Tomando como referência a audição humana, aos sons de frequência inferior a 20 hertz (a frequência mais grave que captamos) chamamos infrassons. Apesar de o homem não conseguir ouvi-los, um elefante capta-os facilmente sem ter de encostar a orelha no chão, pois suas patas captam igualmente ondas sonoras. Designamos ultrassons os sons para nós inaudíveis por terem frequência acima de 20.000 hertz (a frequência mais aguda a que chegamos). Contudo, um cão ou um gato ouvem o dobro desse limite estando junto de nós. E se achamos demasiado barulhenta uma banda de *rock* de garagem, o que diremos da baleia azul, que emite sinais sonoros capazes de ser percebidos a centenas de quilômetros? A diversidade sonora é, sem dúvida, um misterioso lugar.

Escutamos com os nossos ouvidos os rumores do mundo externo, quer seja o ruído, quer as vozes, quer a música que nos consola. Contudo, quando falamos da escuta desinteressada do outro, sentimos que há um outro nível de audição que precisamos aprender. Não há apenas uma escuta com os ouvidos, mas também um escutar com o coração, que mais não é que uma escuta profunda, onde todos os sentidos são úteis para nós. Julia Kristeva fala de uma infralinguagem, porque ligada ao corpo, à biologia, às paixões, e de uma ultralinguagem, incluindo a história, as ideias presentes e o futuro: tudo são desafios para a escuta. O Judaísmo e o Cristianismo são religiões da escuta: "Ouve, ó Israel...", assim se inicia a importante oração do *She'ma* Israel; e "quem tem ouvidos, ouça" é um refrão neotestamentário que pontua o cânone cristão. Mas que seja escutado o quê? Talvez apenas isso que Clarice Lispector dizia assim: "Ouve-me, ouve o meu silêncio. O que falo nunca é o que falo e sim essa outra coisa de que na verdade falo, porque eu mesma não posso".

Abrir a visão

A luz viaja à velocidade vertiginosa de 300.000 km por segundo. Mas é a essa viajante apressada que devemos a ativação do sofisticado mecanismo que nos permite passar do olho ao olhar. Há quem lembre que a visão não é apenas um sentido, mas a síntese de um aglomerado deles: o sentido da intensidade luminosa, o das cores, o da profundidade e distância... É um infindo e deslumbrante debate. Lembro-me de uma confissão que o poeta italiano Tonino Guerra fazia inúmeras vezes. Dizia ele que, tal como os crentes, os agnósticos têm dúvidas. E que, no seu caso, nada fazia entrar mais em crise o seu agnosticismo do que pensar no milagre absoluto que um olho é. Isso o deixava desarmado às portas do mistério.

A visão torna o mundo uma janela, mas percebemos que há outras dimensões igualmente básicas do olhar. A começar pela dimensão de reflexividade: o nosso corpo, que olha todas as coisas, pode também olhar-se; ele é ao mesmo tempo vidente e visível. Como escreve Merleau-Ponty,

> se os nossos olhos fossem feitos de tal modo que nenhuma parte de nosso corpo se expusesse ao nosso olhar... ou se simplesmente, como certos animais, tivéssemos olhos laterais, sem recobrimento dos campos visuais – esse corpo, que não se refletiria, tampouco seria o corpo de um homem.

O olhar é fundamental para celebrarmos o encontro com nós mesmos e com os outros. Só se olhamos e nos deixamos impressionar pelo outro que está diante de nós é que amamos as pessoas por si mesmas. De modo semelhante, o olhar é essencial para nos lançarmos na aventura da procura de sentido para a vida. Um dos mais importantes tratados teológicos sobre a visão, *A visão de Deus* [*De visione Dei*], nasce da correspondência entre Nicolau de Cusa, seu autor, e os monges de Tegernsee acerca do que é o ato de ver, e destinava-se a iniciar aquela comunidade beneditina na visão inefável de Deus. Nicolau de Cusa explica assim o olhar de Deus:

> O ângulo dos teus olhos, ó Deus, não é quantitativo, mas é infinito. Por isso vê tudo em redor, simultaneamente em cima e embaixo. [...] As criaturas existem pela tua visão. Porque, se te não vissem a ti, que és aquele que vê, não receberiam o ser de ti. O ser das criaturas é simultaneamente o teu ver e o ser visto.

Percebemos também, assim, a importância do nosso próprio olhar, mesmo se, como diz São Paulo, "agora, vemos como num espelho e de maneira confusa" (1Cor 13,12).

Um projeto de espiritualidade

Há um magnífico ensaio de Susan Sontag, intitulado *A estética do silêncio*, que começa com uma daquelas frases inesperadas que nos fazem parar. Diz ela: "Cada época deve reinventar para si um projeto de espiritualidade". Seguramente que este "reinventar para si" não significa descobrir do nada. Trata-se antes de reler, de encontrar uma nova hermenêutica, de arriscar uma nova síntese, de propor, partindo do ato de crer, mas também do ato de viver, uma nova gramática sapiencial. Modelo não nos falta, como podemos verificar na Carta a Tito, um dos tesouros do cânone cristão: "A graça de Deus, fonte de salvação, manifestou-se a todos os homens, ensinando-nos a viver neste mundo" (Tt 2,11-12). A mística do instante pede para tomarmos (mais) a sério a nossa humanidade como narrativa de Deus que "vive neste mundo".

Precisamos olhar para a espiritualidade como uma arte integral de ser. Observamos muitas vezes em nós mesmos um analfabetismo perante as expressões fundamentais da vida. Até temos certezas, até praticamos, até sabemos, mas há momentos da vida que nos deixam sem palavras, que nos fazem sentir sem apoio: uma doença, um incidente, uma crise, ou, então, uma grande alegria, um grande encontro... Em determinadas circunstâncias damos por nós num caminho que parece paralelo, porque a fé não tem suficiente capacidade de hospitalidade do que somos ou daquilo em que nos tornamos. Um crente com a densidade de Dietrich Bonhoeffer escreveu:

> Ser cristão não significa ser religioso de uma certa maneira, converter-se numa determinada classe de pessoa por um método determinado (um pecador, um penitente, um santo), mas significa ser pessoa; não um "tipo de pessoa", mas o ser humano que Cristo cria em nós.

Faltam-nos hoje não apenas mestres da vida interior, mas simplesmente da vida, de uma vida total, de uma existência digna de ser vivida. Faltam cartógrafos e testemunhas do coração humano, dos seus infindos e árduos caminhos, mas também dos nossos cotidianos, onde tudo não é e é extraordinariamente simples. Falta-nos uma nova gramática que concilie no concreto os termos que a nossa cultura tem por inconciliáveis: razão e sensibilidade, eficácia e afetos, individualidade e compromisso social, gestão e compaixão, espiritualidade e sentidos, eternidade e instante. Será que do instante dos sentidos podemos fazer uma mística? Não tenhamos dúvidas: o que está dito permanece ainda por dizer.

Encontrar uma relação nova com o tempo

Um dos aspectos centrais da mística do instante é a conversão da nossa relação com o tempo. A nossa maior crueldade é o tempo. Como um fabricante de armadilhas desajeitado que acaba sempre prisioneiro das engrenagens que produz, também nós inventamos o tempo e nunca temos tempo. Os nossos relógios nunca dormem. Quantas vezes o tempo é a nossa desculpa para desinvestir da vida, para perpetuar o desencontro que mantemos com ela? Como não temos diante de nós os séculos, renunciamos à audácia de viver plenamente o breve instante. A imagem de Cronos devorando aquilo que gera perturba-nos. O tempo nos consome sem nos encaminhar verdadeiramente para a consumação da promessa. Nesse sentido, o consumo desenfreado não é outra coisa senão uma bolsa de compensações. As coisas que se adquirem são, naquele momento, obviamente, mais do que coisas: são promessas que nos acenam, são protestos impotentes por uma existência que não nos satisfaz, são ficções do nosso teatro interno, são uma corrida contra o tempo.

A verdade é que precisamos nos reconciliar com o tempo. Não nos basta um conceito de tempo linear, ininterrupto, mecanizado, puramente histórico. O *continuum* homogêneo do tempo que a teoria do progresso desenha não conhece a ruptura trazida pela novidade surpreendente. E a redenção é essa novidade. Precisamos identificar uma dupla significação no instante presente. O presente pode ser uma passagem horizontal, quantitativa, na perspectiva de uma realização entre este instante e o que lhe sucede.

Mas o presente tem também um sentido vertical que requalifica o tempo, abrindo-o à eternidade. É o tempo qualitativo, de epifania.

Na tradição bíblica aprendemos de Deus tanto a atividade criativa como o repouso criador. Ora, uma das anomalias que mais nos afeta é a incapacidade de perceber o significado desse repouso. Deus repousou no sétimo dia e, assim, levou a cumprimento a obra da criação. Sem o repouso (o *shabbath*, como se diz em hebraico) a ação permanece inconclusiva, inacabada. Por isso diz Abraham Joshua Heschel sobre o sábado, dia de repouso semanal para os judeus:

> O sábado é feito para celebrar o tempo, não o espaço. Por seis dias da semana vivemos sob a tirania das coisas do espaço; o sábado sintoniza-nos com a santidade no tempo: somos chamados nesse dia a participar daquilo que é eterno no tempo, a elevar os frutos da criação ao mistério da criação; a passar do mundo da criação à criação do mundo.

Precisamos verdadeiramente reaprender o que o sábado ou o domingo significam. O corpo deve encontrar-se não só na atividade, mas também no repouso, libertar-se da pressão do imediato, do peso das solicitações, abrindo-se em certos instantes sem motivo, como o místico dizia que florescem as rosas. Encontraremos então, finalmente, tempo para contemplar, para deliciar-nos com a audição e o sabor, para sentir o perfume daquilo que passa, para tocar, ou quase tocar, aquilo que permanece.

Descobrir-se amado

Respirar, viver não é apenas agarrar e libertar o ar, mecanicamente: é existir com, é viver em estado de amor. E, do mesmo modo, aderir ao mistério é entrar no singular, no afetivo. Deus é cúmplice da afetividade: onipotente e frágil; impassível e passível; transcendente e amoroso; sobrenatural e sensível. A mais louca pretensão cristã não está do lado das afirmações metafísicas: ela é simplesmente a fé na ressurreição do corpo.

O amor é o verdadeiro despertador dos sentidos. As diversas patologias dos sentidos que anteriormente revisitamos mostram como, quando o amor está ausente, a nossa vitalidade hiberna. Uma das crises mais graves da nossa época é a separação entre conhecimento e amor. A mística dos sentidos, porém, busca aquela ciência que só se obtém amando. Amar significa abrir-se, romper o círculo do isolamento, habitar esse milagre que é conseguirmos estar plenamente conosco e com o outro. O amor é o degelo. Constrói-se como forma de hospitalidade (o poeta brasileiro Mário Quintana escreve que "o amor é quando a gente mora um no outro"), mas exige dos que o seguem uma desarmada exposição. Os que amam são, de certa maneira, mais vulneráveis. Não podem fazer de conta. Se lhes agrada cantar na rua, cantam. Se lhes der na telha correr e rir debaixo de um aguaceiro, fazem-no. Se tiverem subitamente de dançar em plena rua, iniciam um lento rodopio, sem qualquer embaraço, escutando uma música inaudível aos outros. E o amor nos expõe também com maior intensidade aos sofrimentos. Na renovação do interesse e da entrega à vida que o amor em nós gera, tocamos mais frequentemente a sua enigmática dialética: a sua estupenda vitalidade e a sua letalidade terrível. Mas, como dizia o romancista Antônio Lobo Antunes, "há só uma maneira de não sofrer: é não amar". Contudo, o sofrimento não é inevitável a todo amor que impede a vida. O obstáculo é, antes, o seu contrário: a apatia, a distração, o egoísmo, o cinismo.

O amor é o caminho que nos leva à esperança. E esta não é uma espécie de consolação enquanto se esperam dias melhores. Nem é, sobretudo, expectativa do que virá. Esperar não significa projetar-se num futuro hipotético, mas saber colher o invisível no visível, o inaudível no audível, e por aí fora. Descobrir uma outra dimensão dentro e além desta realidade concreta que nos é dada como presente. Todos os nossos sentidos são envolvidos para acolher, com espanto e sobressalto, a promessa que vem, não apenas num tempo indefinido futuro, mas já hoje, a cada momento. A esperança nos mantém vivos. Não nos permite viver torturados pelo desânimo, absorvidos pela desilusão, derrubados pelas forças da morte. Compreender que a esperança floresce no instante é experimentar o perfume do eterno.

Uma mística de olhos abertos

Na arte do início do Cristianismo encontramos muito frequentemente a representação de homens e mulheres em oração. E a forma como aí surgem faz-nos pensar na importância da poética do corpo para a ação de crer. Normalmente, essas figuras estão de pé, com a cabeça atirada para o alto, os braços estendidos e os olhos bem abertos. São os nossos corpos que rezam, não apenas o pensamento. A oração habita cada um dos nossos sentidos. Por esse motivo os Padres do Deserto diziam que abrir as mãos, mesmo antes de proferir alguma palavra, é já rezar. Se a gestualidade é relação, só poderia ser assim. Mas o mesmo se passa com todos os outros sentidos. Por isso a frase "abrir os olhos é já rezar" não nos deveria causar espanto.

Quando, nas suas *Regras morais*, São Basílio de Cesareia se pergunta sobre aquilo que é próprio de um cristão, o início da sua resposta é este: "Vigiar cada dia e cada hora". A vigilância é o cuidado necessário à atenção. Não é apenas um exercício: é uma dinâmica interação do coração e dos sentidos. É o oposto da distração que enfraquece a vivacidade do estar presente ao próprio instante. A mística de olhos abertos não se dirige a um Deus distante: ela vive na consciência de estar continuamente diante dele. "Onde poderia eu ocultar-me ao teu espírito? Para onde poderia fugir da tua presença?", interroga-se o salmista (Sl 139,7). De fato, se acontece não o vermos, não é por estar demasiado distante, mas por ser demasiado próximo. "Nele é que vivemos, nos movemos e existimos", relembra o apóstolo Paulo no célebre discurso de Atenas (At 17,28).

Cabe aqui também acentuar o vigor das implicações éticas de um entendimento assim em relação a todas as criaturas que, a nosso lado e conosco, estão ao mesmo tempo imersas na presença de Deus, vivendo a sua expectativa. Se amamos a Deus, abraçamos o mundo inteiro. Amamos a Deus nas criaturas que são expressão do seu amor. Não se entende uma espiritualidade de olhos abertos que não tenha, por isso, um sentido ecológico e cósmico, na linha da referência que comparece na Carta aos Romanos: "Bem sabemos como toda a criação geme e sofre as dores de parto até o presente. Não só ela. Também nós, que possuímos as primícias do Espírito, nós mesmos gememos no nosso íntimo, aguardando a adoção filial" (Rm 8,22-23). A mística do instante é uma declaração de amor à vida e um empenho na construção de um futuro comum.

O significado de mística

O significado das coisas não é apenas o que elas têm em si, mas o que podemos descobrir que elas têm para nós. Muitas das abordagens que hoje se publicam sobre a mística têm, infelizmente, apenas um caráter histórico, dissecam o passado, reforçam o nosso sentimento de distância e inatualidade em relação ao objeto que abordam. Ou optam por uma singularização tal da mística que parece só ser possível pensar nela através de casos individuais (a mística de Hadewijch, de Hildegarda de Bingen, de Teresa de Ávila, de João da Cruz) e nunca numa apropriação verdadeiramente comum. Por isso, se me fosse dado um instante, apenas um instante, para explicar o significado de mística, a frase de Michel de Certeau seria perfeita: "É místico aquele ou aquela que não pode deixar de caminhar". Sei que pode parecer, pelo seu radical minimalismo, até uma frase chocante, se quisermos considerar a complexidade e o peso de história que a categoria "mística" adquiriu. E nem justiça se faz ao próprio Michel de Certeau, que, pela extensão e sofisticação dos seus escritos sobre o tema, avisou claramente que a mística se aprofunda num longo e pacientíssimo colóquio. Contudo, mesmo as grandes viagens têm de começar com um pequeno passo, e é desse modo humilde que compreendemos esta nossa contribuição. Ora, na frase "É místico aquele ou aquela que não pode deixar de caminhar", identifico de início uma extraordinária qualidade: não exclui ninguém, testemunha como a mística diz respeito a todos, é literalmente universal. Isso é uma vantagem enorme, pois não é essa, erradamente, a fama que a mística tem. Ela foi vista como uma experiência só de alguns, uma via marginal e elitista, desligada das situações concretas onde vive a maior parte dos homens, impermeável às aflições do presente. Os escritos de figuras como Merton, Certeau ou Raimon Pannikar ajudaram-nos a revolucionar o nosso olhar. Para Pannikar, a mística não é senão "a experiência integral da vida", e o místico é aquele que vive aberto à banda larga da realidade, atento e comprometido com a dor do mundo. A fome e a sede de justiça não podem não encontrar lugar no seu coração. Mas o místico não se deixa dominar por nenhuma etapa ou representação. A sua espiritualidade desenvolve-se numa posição ambivalente: é ao mesmo tempo encarnada e comprometida, mas genuinamente desprendida e livre. Mística há de sempre ser sinônimo de liberdade. Essa liberdade imensa, de tudo, de todos e de si, que requer a compreensão da interdependência que nos custa tanto ver: entre micro e macro, próximo e distante, dentro e fora, nosso e dos outros, atividade e repouso, silêncio e palavra, quietude e gesto, imobilidade e viagem, primavera e inverno, fome e pão, agora e depois.

O místico é aquele que descobre que não pode deixar de caminhar. Seguro daquilo que lhe falta, percebe que cada lugar por onde passa é ainda provisório e que a demanda continua. Não pode ser só isso. E essa espécie de excesso que é o seu desejo o faz ir além, atravessar e perder os lugares. Como recorda Michel de Certeau, o místico "não habita em parte alguma, ele é habitado". O místico amarra-se, como Ulisses, ao mastro de uma esperança que não pertence ao futuro, mas ao invisível. Quer dizer: ao ainda não (visível).

Apenas um "ou... ou"?

Uma curiosa troca de correspondência entre amigos, o escritor Romain Rolland e Sigmund Freud, acerca da mística, explicita muitos dos condicionamentos e dos mal-entendidos que ainda hoje vigoram. Primeiramente, Rolland reage ao que o fundador da psicanálise escreveu em *O futuro de uma ilusão* (1926). Segundo Freud, seria uma ilusão imaginar que aquilo que as respostas que a ciência não nos pode dar podemos conseguir em outro lugar (e quando este diz "outro lugar", pensa, sobretudo, na religião). As representações religiosas não passam, para ele, de ficções que corporizam a necessidade infantil da proteção da figura todo-poderosa do pai. A essa radical redução psicológica Rolland contrapõe "o fato simples e direto" que continua a provar que a religião é uma experiência viva e inalienável: a "sensação de eterno" que nada cancela; a "relação" e o "acontecimento" vividos; o "sentimento oceânico", transbordante e vital, que é expressão mesma da vida, ou, melhor ainda, a sua essência. Ao que Freud responde: "Como são para mim estranhos os mundos nos quais evoluís. A mística é para mim tão impenetrável como a música" (carta de 20 de julho de 1929). Trata-se, de fato, de duas perspectivas aparentemente inconciliáveis: para Romain Rolland, o ponto básico da construção pessoal é a descoberta da *unidade* que "aflora" no interior da nossa consciência, enquanto Freud identifica esse ponto no reconhecimento e integração da *divisão* instauradora do eu. A pergunta-chave, porém, é: por quanto tempo vamos deixar a "unidade" e "a divisão" como um "ou... ou" irresolúvel? Certamente que esse mapeamento analítico do humano que Freud e as ciências humanas e sociais têm permitido não pode simplesmente ser descartado em nome de uma unidade *de fusão* e idealizada, onde comodamente nos diluímos como gotas no oceano de Deus. Seria tecer uma cápsula de ilusão. Mas não deixa de ser um isolacionismo redutor a pretensão positivista de que a complexidade do real (o do mundo e o nosso) tem como único decodificador a razão. Basta abrirmos os olhos para a sabedoria que o instante nos propõe. Este instante de agora é o nosso presente. O próximo instante é o desconhecido. Ou a única alternativa que resta é a tirada de Shakespeare, no *Macbeth*: a vida não é senão "uma história contada por um idiota, cheia de som e fúria, mas que não significa nada"?

A mística, entendida como experiência integral da vida, desafia-nos a uma nova composição onde os opostos (matéria e espírito, corpo e alma, razão e sentimento, *logos* e mito, prosa e poesia) são reconhecidos e mantidos conjuntamente, em harmonia. A ideia não é negá-los nem reconduzi-los a uma unidade amalgamada.

Creio na nudez da minha vida

Gosto muito da definição que li em Georges Bataille, e que serve tanto para o que ele chamava a sua "mística ateísta" como descreve amplamente uma mística cristã. A mística, diz ele, é "uma experiência nua". Antes de tudo, a definição é justa porque ancora a mística no domínio da experiência. O problema de tantas resistências em relação à mística reside exatamente na evidência de que, em seu nome, têm sido promovidos todo tipo de escapismos e efemeridades. O contrário do que vem dito no texto da Carta aos Hebreus: "Não te agradaram oblações nem holocaustos... mas deste-me um corpo" (Hb 10,5). A mística tem peso. É corpo, experiência, letra, lugar, tessitura de vivido. A maior parte das vezes, o que falta ao itinerário crente não são, de fato, ideias, mas corporeidade, ressonância, espessura. Para explicá-lo não bastam conceitos nem estruturas. A precariedade e a fragilidade do corpo; o grito, universal e concreto, que dele brota; a sua comum e cotidiana respiração aproximam-nos mais de Deus do que qualquer elaboração conceitual. Mas não devemos esquecer que a experiência mística é "experiência nua". A experiência crente supõe uma confiança, não uma garantia. A fé não possui o objeto que a funda, porque ele é *alter*, é sempre outro. Como escreve Michel de Certeau:

> Avizinhando-se daquele que amam, os crentes experimentam sempre, de uma forma ou de outra, o sentimento do vazio: abraçam uma sombra. Acreditam encontrá-lo se avançarem ao seu encontro, mas ele não está lá. Procuram em toda a parte, perscrutam em cada detalhe onde ele possa estar. Mas ele não está em parte alguma.

Os místicos sabem que Deus se dá ausentando-se. Entre Deus e nós há um espaço vazio. Nós nos movemos nesse espaço. O essencial está além, só na pobreza da nossa carne e do nosso tempo, que são também carne e tempo de Deus, podemos entrevê-lo. Ver, entrever e experimentá-lo na transparência do instante. Não é fugindo do banal e do ordinário, pois ele habita todo o comprimento delicioso e árduo do nosso caminho. Podemos, por isso, entender como uma oração o verso de Sophia de Mello Breyner

Andresen que começa assim: "Creio na nudez da minha vida". Por difícil e turva que ela se possa revelar, não há via de maior lucidez e transparência para começarmos a viagem espiritual.

O sacramento do instante

> "Benditos sejam os instantes, e os milímetros,
> e as sombras das pequenas coisas."
> FERNANDO PESSOA. *Livro do desassossego.*

Numa espécie de testamento espiritual, o teólogo Karl Rahner assinou a famosa afirmação: "O cristão do futuro ou será um místico ou nada será!". Na opinião dele, há dois traços emergentes no perfil do crente contemporâneo: por um lado, a sua espiritualidade precisa ser vivida continuamente na primeira pessoa, solicitando-lhe um imprescindível despertar de consciência; e por outro, ele é chamado à coragem de uma decisão de fé no Espírito, que colha a força de si mesma, provando efetivamente uma experiência pessoal de Deus e do seu Espírito.

Ora, o ponto místico de interseção da história divina com a história humana é o instante. Não um instante idealizado ou tornado abstrato, mas este instante concreto. Este preciso minuto onde nos situamos, esta hora concreta das nossas vidas, estes dias que o nosso coração afronta com maior ou menor esperança. Mas que, ao mesmo tempo, é capaz de informar-nos do iminente, do que se avizinha no previsível e no imprevisível, do que, de forma declarada ou discretíssima, vem. Esse é, aliás, o sentido do termo "instante": como substantivo, significa "um momento", uma "pequena porção de tempo", uma "duração"; como adjetivo, quer dizer "o que está iminente", "o que está chegando", "o que solicita com insistência", "o premente".

O dominicano Padre Perrin, que foi o grande confidente de Simone Weil, dizia que nada do que conhecemos é mais parecido com a eternidade do que o instante, e que devíamos pensar simbolicamente nele como um sacramento, o oitavo. Nós que entramos e saímos dos templos, como nos é necessária a veneração pela espantosa santidade do momento presente! "O que não sabe sentar-se/ na soleira do instante/ [...] esse nunca saberá o que é a paz/ serena e iluminada/ de estar-com."

Se observarmos bem, somos continuamente despojados do passado e, por mais que façamos, não conseguimos antecipar do futuro qualquer parcela, por ínfima que seja. Só nos resta o instante; só o instante nos pertence. Entre as possibilidades infinitas do amor divino e a experiência mutável e progressiva do humano em nós, o único contato é o instante. Ele é o barro onde a vida se molda e descobre. É a frágil ponte de corda que une o tempo à promessa. No maravilhoso e exigente poema de Teresa de Lisieux, recebemos a confirmação: "Minha vida não é mais do que instante, uma hora fugaz/ Minha vida não é mais do que um único dia que se escapa./ Sabes bem, ó Deus, que para amar-te sobre a terra/ Não tenho nada além do hoje".

A mística do instante nos reenvia, assim, para o interior de uma existência autêntica, ensinando a tornarmo-nos realmente presentes: a ver em cada fragmento o infinito, a ouvir o marulhar da eternidade em cada som, a tocar o impalpável com os gestos mais simples, a saborear o esplêndido banquete daquilo que é ligeiro e escasso, a inebriar-nos com o odor da flor sempre nova do instante.

2.

Para uma teologia
dos sentidos

Pórtico

A tradição cristã conheceu uma importante teologia dos sentidos, mas tomados em dimensão prevalentemente espiritual, numa espécie de movimento que fazia corresponder à alma aquilo que se diz do corpo. Em ambos os casos se fala do tato, paladar e olfato, da audição e visão, mas, enquanto os sentidos ditos naturais eram entendidos como as faculdades do corpo para o conhecimento das coisas terrenas, os sentidos espirituais vinham descritos como capacidades da alma para a apreensão das realidades divinas. O seu primeiro teórico foi Orígenes de Alexandria, na primeira metade do século III, e já ele insistia na defesa de que os sentidos espirituais ativam-se tanto melhor quanto mais estivermos separados e purificados da experiência corpórea (*De principiis* I,1,7). Este era o tom genérico, o que não quer dizer que tal teologia dos sentidos espirituais não alcançasse, mesmo em Orígenes, e nas suas estações posteriores, uma complexidade capaz de iluminar melhor o humano. Contudo, o paradigma dominante de relação entre sentidos naturais e espirituais foi (e, em parte, ainda é), em larga medida, de contraposição, pensando o trabalho espiritual mais como validação de uma ruptura do que a construção de uma unidade. Não têm faltado, é verdade, vozes e modulações teológicas, desde a Antiguidade até o presente, que testemunham um esforço em outra direção. Na escolástica medieval, por exemplo, o destaque vai para São Boaventura, que, partindo de uma original antropologia unificada, desenvolve uma visão declaradamente positiva dos sentidos do corpo e dos dados da sensibilidade. Há quem diga que a história do Ocidente teria sido outra se tivesse sido a filosofia de São Boaventura a triunfante. Talvez fosse, sim.

A verdade é que nos deparamos hoje com uma redobrada necessidade de estabelecer conexões, colocando em diálogo a sabedoria do crer e a sabedoria de viver. Precisamos reencontrar, a partir da fé, uma gramática do humano, mas também, a partir do humano, de um olhar novo para as gramáticas da fé. Pois não há os sentidos espirituais, de um lado, contrapostos aos sentidos naturais, de outro. Nem verdadeiramente se pode falar de uma vida espiritual ou de um caminho espiritual a não ser por analogia. Há a vida, única e inteira. Jung dizia: "Parece-me que faz a vontade de Deus apenas aquele que procura realizar a sua natureza humana e não aquele que foge diante deste fato". A nossa humanidade é sempre espiritual, ou pelo menos guarda sempre em si essa possibilidade, pois Deus não bate a uma porta que não temos. A porta onde ele bate é aquela que podemos abrir, porque é a nossa. "Eis que estou à porta e bato; se alguém ouvir a minha voz e abrir a porta, entrarei em sua casa e cearei com ele e ele comigo", testemunha o livro do Apocalipse (Ap 3,20). Deus vem ao nosso encontro pelo mais cotidiano, mais banal e próximo dos portais: os cinco sentidos. Eles são grandes entradas e saídas da nossa humanidade vivida. Aprendamos a reconhecê-las como lugares teológicos, isto é, como território privilegiado não apenas da manifestação de Deus, mas da relação com ele.

Propomos, a seguir, um itinerário pelos sentidos no quadro possível de uma mística do instante. Recorremos a um método deliberadamente fragmentário, que expressa, antes de mais, que a leitura nos coloca no interior de uma construção aberta e provisória, em certa medida aqui apenas esboçada, apenas sugerida. A mim, pessoalmente, interessam-me mais os enfoques, as cintilações na errância do motivo do que uma linearidade fechada que se substitui à pergunta e à procura. Prefiro um texto polimórfico, com muitas flechas, mais plástico e colaborativo do que fixado e duro. "Na casa de meu Pai há muitas moradas", disse-nos Jesus (Jo 14,2).

Já nesse espírito, a antologia de microunidades que compõem cada uma das cinco seções acolhe textos de natureza diversificada: há comentários bíblicos e breves anotações científicas, textos filosóficos e marcas de leitura que tantos poemas deixaram em mim, há antropologia, literatura, cinema e histórias de vida, num estilo reflexivo, mas que se pretende também flagrante e imediato, como quando nos deixamos perfumar pelo instante. A grande maioria dos textos desses conjuntos conhece aqui a sua primeira edição. Uma pequena parte deles, porém, foi já anteriormente publicada na imprensa. Integrei-os pela relação óbvia com o tema que aqui se desenvolve. Eles mostram que, antes mesmo de eu me decidir a escrever um livro sobre os cinco sentidos e a mística do instante, já o tinha começado, sem saber, a escrever há muito tempo. É quase sempre assim, não é?

Tocar o que nos escapa

TOCADOS, APENAS ISSO

Há um momento na vida em que nos apercebemos de que as questões eternas se jogam aqui, neste precário rente à terra, no interior desta experiência humana que nos parece sempre inacabada, sempre mais enigmática do que desejaríamos, na mistura de barro e sopro que somos. Há um momento em que uma pequena voz sem palavras nos alcança no ponto mais vivo e singular da existência. Essa voz não nos diz nada, não nos confia uma mensagem. E se a interrogarmos ela nada declarará. O nosso primeiro ciclo de aprendizagens passou obrigatoriamente pelas palavras, mas este que agora começamos não é assim. Sentimo-nos tocados, apenas isso. E isso nos chega por um excesso de alegria ou de dor, por um cansaço maior do que tudo ou por uma pergunta imprescindível, por uma vontade de sucumbir ou de renascer, em síntese, por um radical estremecimento.

ÀS APALPADELAS, COMO SE VÍSSEMOS

Muitas vezes, para explicar-me o que é a fé, vou buscar uma imagem do pintor Eugène Delacroix que representa o encontro noturno de Jacó com o Anjo (cf. Gn 32,22-32). Volto a ela repetidamente porque, na espécie de teologia visual que ali se constrói, encontro o realismo, a lucidez e a consolação que a maior parte dos discursos teóricos não nos dá. No fundo, o que é que nos diz? Que no jogo da fé expomos o nosso corpo como Deus expõe o seu; tocamos e somos tocados, num encontro sem armaduras nem artifícios. A presença é sempre reclamada por inteiro. E as presenças que mutuamente se entregam (a de Deus e a nossa) inauguram uma história no instante presente.

Diz-nos, depois, que a fé, mesmo quando se desenha como percurso ao sol, não deixa de ter uma condição noturna. A fé integra necessariamente um estado de pergunta, de incerteza, de maturação e de caminho. Não se trata de uma marcha por evidências, mas de um caminhar às apalpadelas, como se víssemos o invisível, segundo a bela e exigente formulação da Carta aos Hebreus (cf. Hb 11,27). E mostra-nos, por fim, que a tensão da fé se resolve numa promessa, num abraço, numa dança. Não apenas como realidade projetada num além, mas já no aqui e agora saboreada.

MODOS DE TOCAR

O tato é, porventura, o mais visceral, primário e delicado dos sentidos. Ele nos ensina o que permanece na pele, mas também quanto cabe (e cabe o universo) na ressonância de um simples toque. O tato é indelével e é concreto; é uma fronteira do corpo e um seu limiar; é anônimo e ardentemente singular; é pontual e conciso, mas a sua duração em nós é, não raro, incalculável. Podemos descrever o tato como um produtor e um decodificador de linguagens, e estas seduzem ou repelem, interrompem e prolongam, acariciam e isolam (ou vice-versa). Como recorda o arquiteto finlandês Juhani Pallasmaa, num precioso ensaio intitulado *Os olhos da pele*, "todos os sentidos, incluindo a visão, são prolongamentos do sentido do tato; os sentidos são especializações do tecido cutâneo e todas as experiências sensoriais são modos de tocar e, portanto, estão relacionadas com o tato".

A MINHA VIDA APENAS TOCA A FRANJA

Aquela palavra de São João, "a Deus nunca ninguém o viu" (1Jo 4,12), trazemo-la como uma ferida. Nenhum de nós viu a Deus. Contudo, a sua presença, a forma como o seu amor nos toca, dá sentido às nossas vidas. Este paradoxo, que constitui uma fonte de esperança, não deixa de ser ao mesmo tempo um espinho. A maior parte das vezes experimentamos apenas o desencontro de Deus, o seu extenso silêncio. Buscamos a Deus sem o ver, acreditamos nele sem o experimentar, escutamos a sua voz sem verdadeiramente o ouvir.

Tateamos o seu rosto na ausência e no silêncio. Contudo, ausência e silêncio são lugares que misteriosamente insinuam uma presença. No filme *Nostalgia*, de André Tarkovski, há uma cena lancinante, onde se vê um grupo humano que anda desencontrado, uma multidão que se move de um lado para o outro, numa demanda labiríntica. Ouve-se, então, uma voz, a voz de um narrador que rompe o silêncio com este grito: "Mas diga alguma coisa, Senhor, diga-lhes uma palavra, eles andam à procura, não vê que têm o desejo do Senhor?". A voz de Deus faz-se ouvir com esta resposta: "E se eu disser uma palavra, você acha que eles conseguirão entender?". É, no fundo, este o drama, o drama do silêncio de Deus. A dificuldade de fazer convergir finito e infinito, graça e liberdade, provisório e definitivo, o presente e o amanhã.

Contudo, sabemos que o silêncio ainda não é Deus. O silêncio é lugar de luta, de procura e espera. Aos poucos vamos aderindo à possibilidade de dar espaço, de abrir a nossa vida ao outro, deixando que a sua revelação nos habite. Somos em grande medida habitados pela possibilidade de Deus. Nesse sentido a fé tem a forma de uma hipótese. A fé é expectativa. A fé vive do combate, pois nada nunca está feito, nada nunca está acabado, nada é completamente conhecido. Caminhamos como que tateando. A vizinhança de Deus da nossa história não anula a dimensão de agonia e interrogativa da existência. O viver do crente está se fazendo, se construindo, é sempre inacabado, é sempre um lugar de turbulência, de agitação, de reconfiguração.

Há uma oração de Sophia de Mello Breyner Andresen colocada, num conto seu, na boca de um dos reis magos que, antes de avistar a estrela, recitou:

Senhor, como estás longe e oculto e presente! Ouço apenas o ressoar do teu silêncio que avança para mim, e a minha vida apenas toca a franja límpida da tua ausência. Fito em meu redor a solenidade das coisas como quem tenta decifrar uma escrita difícil. Mas és tu que me lês e me conheces. Faz que nada do meu ser se esconda. Chama à tua claridade a totalidade do meu ser para que o meu pensamento se torne transparente e possa escutar a palavra que desde sempre me dizes.

DESCE À CASA DO OLEIRO

A vida é completamente tátil. Não é possível reproduzi-la em série nem encontrá-la feita em outro lugar. A vida requer a paciência do oleiro que, para fazer um vaso que o satisfaça, faz duzentos só para treinar o gesto, a habilidade, para testar a sua ideia. Ou requer a esperança de quem faz e refaz numa confiada sucessão de começos. Não é de espantar, por isso, o que nos vem contado no livro do profeta Jeremias: "A palavra do Senhor foi dirigida a Jeremias, deste modo: 'Levanta-te, desce à casa do oleiro, pois lá te farei ouvir as minhas palavras'" (Jr 18,2). Há um sentido e uma Palavra de Deus que se colhe apenas na oficina do oleiro, contemplando a incessante dedicação das mãos, na sua dança humílima e sem tempo, que trabalham o barro como se rezassem.

Um texto do poeta Rainer Maria Rilke sobre o escultor Rodin (e o escultor tem sempre alguma coisa de oleiro) recorda um aspecto posterior, talvez até marginal, mas que vale a pena guardar: todos os que trabalham com as mãos conhecem melhor a necessidade do silêncio. Por que nos manda Deus à casa do oleiro?

O TATO DE JESUS

O primeiro grande encontro de Pedro com Jesus acaba com um pedido estranho, mas muito verdadeiro. Pedro percebe quem é Jesus e lhe diz:

"Afasta-te de mim, porque sou um homem pecador" (Lc 5,8). Em vez de dizer "Senhor, salva-me" (Mt 14,30), como mais tarde fará na cena da tempestade no lago, Pedro sobrepõe aqui a consciência objetiva da sua fragilidade ao exercício da confiança, e prefere dizer: "Afasta-te". A ideia de uma fronteira estática, onde nada de transformador acontece ou pode acontecer, entre puro e impuro, entre pecado e graça, é uma coisa que Jesus está preparado para contrariar. Ao contrário da tradição farisaica que declarava a necessidade de uma cerca de pureza, Jesus vai tocar o intocável. Estende a mão àqueles que é proibido tocar.

Logo depois da cena em que Pedro avisa Jesus para que se distancie temos o episódio da cura de um leproso. Num movimento espacial (e certamente existencial) diverso, um homem padecendo de lepra viola o cordão de segurança sanitária e aproxima-se de Jesus para dizer: "Senhor, se tu quiseres, podes purificar-me" (Lc 5,12). Um leproso tinha, no contexto daquela época, a obrigação de viver longe, fora das povoações, distanciado da família, numa separação que evitasse o risco da contaminação. E tinha o dever de gritar aos sãos, prevenindo-os para que não se aproximassem. O leproso, porém, vem ao encontro de Jesus. E o faz, certamente, porque pressentia no profeta de Nazaré a abertura para tal. Ora, Jesus não fica apenas na palavra: "Quero". Estende também a sua mão, tocando-o (cf. Lc 5,13). Podia simplesmente mandá-lo lavar-se sete vezes nas águas do rio Jordão, como o profeta do Antigo Testamento (cf. 2Rs 5,10), mas prefere incorrer no perigo da contaminação, desejando tocar a ferida do outro; querendo compartilhar, como só o toque compartilha, aquele sofrimento; ajudando a vencer o ostracismo interiorizado por aquela separação forçada. O que é que cura o homem leproso? Ou o que é que cura a mulher em estado de impureza que, em outro lugar do Evangelho, vem por detrás de Jesus e o toca (cf. Lc 8,43-48)? São curados pelo poder de Deus que se manifesta em Jesus, certamente, mas num processo onde a forma de maneira alguma é indiferente. Cura-os saberem-se tocados, e tocados no sentido de encontrados, assumidos, aceitos, reconhecidos, resgatados, abraçados. Quando toda a distância se vence, o toque de Jesus reconstrói a nossa humanidade.

A FÉ É UMA RELAÇÃO TÁTIL

Quando se dava um banquete, na Palestina, deixava-se muitas vezes as portas escancaradas para saciar a curiosidade social, mas claro que, mesmo assim, há uma fronteira que se mantém. Uma coisa são os convidados, com direito a estar dentro, outra são os intrusos. Numa dessas refeições de que Jesus participa, a convite de um fariseu, há uma mulher, cujo nome nem nos é dito, mas que seria uma pecadora, que adentra a casa e vai se aninhar, "por detrás", aos pés de Jesus. Colocar-se atrás de Jesus nós sabemos que é a atitude dos discípulos: ela também, naquela situação, quer colocar-se na órbita de Jesus, depender dele. Quando a mulher entra, a narrativa torna-se lenta. Os seus gestos são longamente observados pelo narrador: ela chorava, sobre os pés dele, lágrimas suficientes para banhá-los, enxugava-os com os cabelos, beijava-os repetidamente, derramava sobre eles perfume. Sem palavras, apenas naquele seu modo dramático de tocar Jesus, ela diz tanta coisa! E Jesus aceita o que ela diz, mesmo sabendo que quem consente ser tocado por uma pecadora também fica impuro, e que isso tornar-se-á aos olhos do anfitrião muito desprestigiante. De fato, naquele momento, o fariseu pensa consigo: "Se este homem fosse profeta, saberia quem é que tipo de mulher o está tocando, porque é uma pecadora!" (Lc 7,39).

Mas Jesus aproveita precisamente o toque singular daquela mulher para recordar ao seu anfitrião o que é a verdadeira hospitalidade. E diz-lhe:

> Vês esta mulher? Entrei em tua casa e não me deste água para os pés; ela, porém, banhou-me os pés com suas lágrimas e enxugou-os com seus cabelos. Não me deste um beijo; mas ela, desde que entrou, não deixou de beijar-me os pés. Não me ungiste a cabeça com óleo, e ela ungiu-me os pés com perfume. (Lc 7,44-46)

O que é tocar? Por vezes, a nossa vida, mesmo na sua dimensão espiritual, é como uma dança em que nunca tocamos, nem permitimos que nos toquem. Confiamos demasiado nas palavras, acreditando que elas bastam, que só elas nos dirão. Ora, aquela mulher de nome desconhecido conta a Jesus a sua história, sem uma única palavra, testemunhando que a fé é uma relação tátil.

Jacques Maritain deixou-nos este retrato impressivo, tão desconcertante quanto evangélico, da fé do poeta Charles Péguy: "Ele acredita que a fé do carvoeiro é maior do que a fé de São Tomé... Só o sensível o toca".

O ESPÍRITO VEM COMO GESTO DE DEUS

O Espírito Santo é aquele que faz estremecer as estruturas, que toca nos lugares mais profundos e nossos. O Espírito vem como gesto de Deus que refunda a casa (cf. At 2,1-12). Ele é o sismógrafo do presente. Não se fica apenas pela exterioridade, mas é como a água que penetra na terra para que ela floresça. Precisamos desse sopro que verdadeiramente nos agite, nos empurre, nos toque. O Espírito Santo é um dom para os fundamentos, não para a maquiagem. O Espírito Santo não é um vaivém de comunicação, um atraente *marketing* de Deus. O Espírito Santo se tatua nas profundezas, remexe-nos onde pensaríamos não ser possível chegar, no núcleo vital e secreto onde tudo em nós se decide. Quem o recebe deve aceitar viver no risco de Deus. O Espírito Santo é o gerador de novos equilíbrios, e é, por isso, desconcertante, surpreendente. Mas é assim que o Espírito Santo nos abre a uma nova sabedoria, a um novo entendimento, a uma nova gestualidade, a uma nova poética.

O Espírito Santo não é determinado por nós: nós é que somos tocados por ele, nós é que somos instruídos. Às vezes parece que, se pudéssemos, construiríamos um livro de instruções. A tentação de instrumentalizar Deus acompanha-nos persistentemente. Mas é ao contrário: é o Espírito Santo que nos leva; é ele que repousa como um fogo sobre cada um; é ele que ateia o incêndio capaz de iluminar a história.

Habituamo-nos às leis escritas na pedra, exteriores, particularistas. Ficaremos surpreendidos quando cada um o ouvir falar na sua própria língua. Deus fala a língua de cada um para fundar uma aliança inédita em cada coração. O Espírito vem não para nos ditar um catálogo de normas, mas para que se revele o sentido profundo da nossa vida. Abundante, generoso, sem cor, sem restrições ou fronteiras, assim é o seu dom.

TOCADOS PELA ESPERANÇA

Michelangelo dizia que as suas esculturas não nasciam de um processo de invenção, mas de libertação. Ele olhava para as pedras toscas, completamente em bruto, e conseguia ver as excepcionais imagens em que se podiam tornar. Por isso, ao descrever o seu ofício, Michelangelo explicava: "O que eu faço é libertar".

Estou convencido de que as grandes obras de criação (seja ela artística, seja simplesmente humana) nascem de um processo semelhante, para o qual não encontro melhor expressão do que esta: exercício de esperança. A Vida que se escreve com maiúscula, aquela que é digna desse nome, não é outra coisa senão uma operação esperançosa, e de alto risco na maior parte dos casos. Sem esperança só notamos a pedra, o caráter tosco, o obstáculo fatigante e irresolúvel. É a esperança que entreabre, que faz ver para lá das duras condições a riqueza das possibilidades ainda escondidas. A esperança é capaz de dialogar com o futuro e de aproximá-lo. A nossa existência, do princípio ao fim, é uma profissão de fé na esperança.

Tudo e todos somos apenas caminho, experiência do inacabado, indagação no incompleto. As obras-primas não irrompem de geração espontânea. São o fruto da gestação paciente e lentíssima em que estamos, cheia de alterações e esforço, com mais noites pesadas que suaves vislumbres. Mas sem a esperança nenhuma obra-prima existe. Cada uma das peças de Michelangelo, por exemplo, exigia certamente mármore, mas também muita esperança. O mármore podia até ser de boa ou de não tão boa qualidade, como provam as célebres esculturas dos escravos que estão no Museu do Louvre. Mas a esperança é que nunca pode decrescer. A semente para frutificar precisa da mão que a atire mais para longe. O barco precisa de quem, enamorado pela viagem, seja capaz de ajudá-lo a deixar a quietude ilusória do porto. A página precisa de quem arrisque contar uma história. Nas coisas mais pequenas como nas grandes encontramos o mesmo chamamento à esperança.

A SOLIDÃO QUE NOS TOCA

A cultura contemporânea deixou de preparar-nos para a solidão. Na maior parte das vezes é uma aprendizagem que temos de fazer em cima dos próprios acontecimentos, ou na sua dolorosa ressaca, e de forma muito desacompanhada. É como se a solidão fosse uma surpresa absolutamente improvável na nossa experiência humana, e não, como ao contrário é, um modo de existência completamente comum. Há uma frase de Truman Capote que, há anos, passei para um dos meus cadernos: "Todos estamos sozinhos, debaixo dos céus, com aquilo que amamos". Mas esquecemos isso. Esquecemos que todos os dias, mesmo numa vida afetivamente integrada e febrilmente ativa, a solidão nos visita. Somos sós com nós mesmos e acompanhados. Fomos sós em criança, fomos assim na transbordante juventude e nas décadas da vida adulta e seremos assim na velhice. A amizade e o amor são formas de condividir, diminuir, dar serenidade ou potenciar criativamente a solidão, mas o assobio ininterrupto da solidão continuará fazendo-se ouvir no abraço redondo dos amantes ou na ronda magnífica dos amigos. Recordar-se disso é humanizar o modo como julgamos e tocamos a realidade.

Também por esse motivo gostei muito de reencontrar as palavras lúcidas da escritora brasileira Nélida Piñon que opõem o alicerce do recolhimento à atração atual por tudo o que é dispersivo: "A solidão buscada é o lugar onde melhor aprendi a encontrar-me".

DEIXE-SE TOCAR

Há um filme de Ingmar Bergman em que uma das personagens é uma garota anoréxica – e sabemos como a anorexia é um tipo de desinvestimento vital, que podemos tomar como símbolo de tantos outros. A garota vai falar com um médico e ele lhe diz mais ou menos isto, que também vale para nós: "Olhe, há só um remédio para você, só vejo um caminho: a cada dia, deixe-se tocar por alguém ou por alguma coisa".

A DESCOBERTA SENSÍVEL DE DEUS

Possivelmente, o que nos falta não é o assentimento à verdade dogmática da Santíssima Trindade, mas sim a descoberta da Trindade nas nossas motivações profundas e na maneira como vivemos. A Trindade não é apenas um mistério em que se crê: é também uma verdade que se pratica, um caminho que se percorre, uma gestualidade que se põe em ato, um modo de viver que se apreende, uma modalidade de ser que se revela. Em outras palavras: a fé na Trindade há de ter em nós consequências visíveis e tocar-nos de uma maneira que se veja. Essa é uma longa maturação em nós. Compreender a Santíssima Trindade como a porta santa pela qual entramos com toda a nossa vida, aprendendo a passar do modelo dual para o modelo trinitário.

Pensemos em dois episódios evangélicos que, não expressando diretamente a fé na Trindade (não é, de fato, essa a sua questão temática), entrementes nos ajudam a nos avizinhar sensivelmente do seu mistério e a traduzi-lo. Comecemos pela experiência dos discípulos de Emaús (cf. Lc 24,13-35). O que eles fazem, simplesmente, é o acolhimento de um companheiro que no meio do caminho se junta a eles. Eles, porém, aceitam que *ele* fale e escutam-no; permitem que *ele* entreabra o significado das Escrituras e lhes coloque um novo ardor no coração; convidam-*no* para partilhar a mesa e a casa. A revelação pascal, nessa cena de Emaús, é uma experiência de passagem de dois para três. Eles eram dois, e enquanto tal não conseguiam entender o significado da morte de Jesus, nem ver na notícia do sepulcro vazio mais do que um enigma que algumas mulheres introduziram. É quando acolhem esse terceiro, quando passam do dois para o três, que acolhem a verdade de que Jesus está vivo. Conhecemos a nossa tendência para viver dualidades, ou dialéticas: eu *com* o outro ou eu *contra* o outro. O Deus vivo é uma comunidade. O Deus vivo não é alguém isolado, com quem mantenho uma relação unidirecional que não interessa a mais ninguém, nem ultrapassa as fronteiras do eu e do você. O dinamismo trinitário, pelo contrário, é o movimento expansivo e inclusivo de Deus. O três é garantia da universalidade. Se acreditamos na Trindade, ela se torna o molde de uma vida aberta, inclusiva e partilhada.

O amor gratuito, o amor desinteressado, o amor sem ser por nada é sempre um amor trino. Quando dizemos "Deus é amor", queremos dizer que Deus é a perfeição do amor. A Santíssima Trindade não é a caracterização de um Deus excêntrico, que em vez de ser Um é Três. A Trindade é uma evidência límpida, a verdade mais simples de todas. Há um ponto em que o amor, para ser verdadeiro (ou para continuar verdadeiro), tem de tornar-se trino. É o amor trinitário que eleva o amor para a dimensão mais alta de si mesmo. Por exemplo: lemos muitas vezes a parábola do filho pródigo (cf. Lc 15,11-32), mas não sei se já pensamos que a história do filho pródigo é a da necessidade de aprendermos a viver um dinamismo trinitário. O filho mais novo parte. Não se mostram razões para sua decisão. Talvez os motivos devam ser buscados no desejo de autonomia que funda a construção pessoal. Ele precisava de espaço. Precisava arriscar fazer. Mas também é verdade que sua conduta mostra que seu engano foi assentar numa resolução individual da vida, sem ter a figura do outro no horizonte, sem ter amanhã: "Esbanjou tudo quanto possuía, numa vida desregrada" (Lc 15,13). Quando regressa, e o pai o aceita daquela maneira jubilosa, o irmão mais velho recusa-se a entrar em casa. E o pai sai também ao seu encontro, insistindo com ele: "Filho, tu estás sempre comigo, e tudo o que é meu é teu. Mas tínhamos de fazer uma festa e alegrar-nos, porque este teu irmão estava morto e reviveu; estava perdido e foi encontrado" (Lc 15,31-32). O que lhe diz o pai com tais palavras? Talvez isto:

> Filho, tudo o que você faz está certo. Você tem sido sempre cumpridor, tem sido fiel a mim, mas a verdade é que isso ainda é pouco. Até agora você tem vivido numa relação dual, você e eu apenas, como se você fosse o único filho. Se você não tem capacidade de aceitar o seu irmão de volta, você não percebe o que é o amor de Deus.

A fé é a descoberta sensível e praticada de uma comunidade de amor.

AGRADECER O QUE NÃO NOS DÃO

O mais comum é agradecer o que nos foi dado. E não nos faltam motivos de gratidão. Há, é claro, imensas coisas que dependem do nosso esforço e engenho, coisas que fomos capazes de conquistar ao longo do tempo, contrariando mesmo o que seria previsível, ou que nos surgiram ao fim de um laborioso e solitário processo. Mas isso em nada apaga o essencial: as nossas vidas são um recipiente do dom. Por pura dádiva recebemos o bem mais precioso, a própria existência, e do mesmo modo gratuito fizemos e fazemos a experiência de que somos protegidos, cuidados, acolhidos e amados. Se tivéssemos de fazer a listagem daquilo que recebemos dos outros (e é pena que esse exercício não nos seja mais habitual), perceberíamos o que a poetisa Adília Lopes repete como sendo a sua verdade: "Sou uma obra dos outros". Todos somos. A nossa história começou antes de nós e persistirá depois. Somos o resultado de uma cadeia inumerável de encontros, gestos, boas vontades, causas, afagos, afetos. Colhemos inspiração e sentido de vidas que não são nossas, mas que se inclinam pacientemente para nós, iluminando-nos, fundando-nos na confiança. Esse movimento, sabemos bem, não tem preço, nem se compra em parte alguma: só se efetiva através do dom. Por isso que, quando ele falta, a sua ausência indelével se faz sentir a vida inteira. O seu lugar não consegue ser preenchido, mesmo se abunda uma poderosa indústria de ficções de todo o tipo, com a inútil pretensão de ser esquecimento e substituição para essa espécie de falha geológica que nos morde.

Hoje, porém, dei comigo pensando também na importância do que não nos foi dado. E a provocação chegou-me por uma amiga, que confidenciou:

> Gosto de agradecer a Deus tudo o que ele me dá, e é sempre tanto que nem tenho palavras para descrever. Sinto, contudo, que lhe tenho de agradecer igualmente o que ele não me dá, as coisas que seriam boas, e que eu não tive, o que até pedi e desejei muito, mas não encontrei. O fato de não me ter sido dado obrigou-me a descobrir forças que não sabia que tinha e, de certa maneira, permitiu-me ser eu.

Isso é tão verdadeiro! Mas exige uma transformação radical na nossa atitude interior. Tornar-se adulto por dentro não é propriamente um parto imediato ou indolor. No entanto, enquanto não agradecermos a Deus, à vida ou aos outros o que não nos deram, parece que a nossa prece permanece incompleta. Podemos facilmente continuar pela vida afora nutrindo ressentimento pelo que não nos foi dado, comparando-nos e considerando-nos injustiçados, chorando a dureza daquilo que em cada época não corresponde ao que idealizamos. Ou podemos olhar o que não nos foi dado como a oportunidade, ainda que misteriosa, ainda que ao inverso, para entabular um caminho de aprofundamento... e de ressurreição.

Foi assim que numa das horas mais sombrias do século XX, no interior de um campo de concentração, a escritora Etty Hillesum conseguiu, por exemplo, protagonizar uma das mais admiráveis aventuras espirituais da contemporaneidade. No seu diário deixou escrito:

> A grandeza do ser humano, a sua verdadeira riqueza, não está naquilo que se vê, mas naquilo que traz no coração. A grandeza do homem não lhe advém do lugar que ocupa na sociedade nem do papel que nela desempenha, nem do seu êxito social. Tudo isso lhe pode ser tirado de um dia para o outro. Tudo isso pode desaparecer num nada de tempo. A grandeza do homem está na-

quilo que lhe resta, precisamente, quando tudo o que lhe dava algum brilho exterior se apaga. E o que lhe resta? Os seus recursos interiores e nada mais.

TOMÉ TOCOU EM JESUS?

A conversa entre Jesus ressuscitado e o apóstolo Tomé (cf. Jo 20,24-29), mil vezes explicada, continua a ser um enigma. Não dominarmos completamente aquele texto é também uma garantia de que não o domesticamos, isto é, que o texto continua e continuará escapando-nos, intrigando-nos, fazendo-nos voltar incessantemente a ele, com o impacto de um encontro primeiro ou com a densidade de sentimentos que mantêm entre si dois velhos rivais.

E qual é o motivo da luta? Quando os outros discípulos dizem a Tomé "[na tua ausência] vimos o Senhor", ele responde: "Se eu não vir o sinal dos pregos nas suas mãos e não puser o meu dedo nesse sinal dos pregos, e a minha mão no seu lado, não acreditarei". Portanto, coloca como condição para crer a confirmação que lhe for dada por dois sentidos: a visão e o tato. Oito dias depois, na nova aparição, o próprio Ressuscitado dirige-se a Tomé, permitindo-lhe a prova de ambos os sentidos: "Olhe as minhas mãos: aproxime o seu dedo! Estenda a sua mão e coloque-a no meu lado. E não seja incrédulo, mas fiel". Quando Tomé responde "Meu Senhor e meu Deus!", Jesus acrescenta: "Você acreditou porque me viu. Felizes os que creem sem ter visto!". Uma parte do enigma está nessa frase. Até aqui, falava-se de dois sentidos, visão e tato, mas, nesse pronunciamento final, Jesus alude apenas à visão. E mais: elogia a superação da necessidade de ver para crer: "Felizes os que creem sem ter visto". Onde ficou o tato? Por que deixa ele de ser referido? Uma solução é pensar que, ao ver e ao ouvir Jesus, o próprio Tomé não tenha avançado para o tato, apesar de Jesus lhe abrir essa possibilidade. Ele não teria precisado ir até o fim das suas prerrogativas para perceber que se tratava efetivamente de Jesus. Como Tomé não tocou em Jesus, Jesus não tocou no assunto do tato. Será apenas isso?

Num encontro do Ressuscitado, aquele com Maria Madalena, no jardim onde o sepulcro estava colocado (cf. Jo 20,11-18), surge também a questão do tato. Jesus diz: "Mè mou haptou", "noli me tangere", "não me toques", "não me detenhas". O filósofo Jean-Luc Nancy escreveu um ensaio curioso sobre esse passo, onde defende que a expressão "não me toques" ainda nos situa no âmbito do tato. De fato, dizer "não me toques" não significa isso apenas, mas mais literalmente "não queiras tocar-me" ou "não penses em tocar-me". E mais existencialmente significa: aprende que tocar o amor não é senão aceitar do outro o que nos escapa. É viver sem a consolação do hífen, experimentando o espaço que medeia o "eu" e o "você" não como a separação do luto, mas como a abertura pascal. Voltando a Tomé: ele tocou ou não em Jesus?

"QUE AMO EU QUANDO TE AMO?"

O que é que amamos quando amamos Deus? Santo Agostinho ajuda-nos a perceber que o amor por Deus passa pelas coisas sensíveis e exprime-se sensorialmente. Pela claridade da luz, pelo cheiro transparente e enigmático das flores, pelos perfumes do mundo, pela impressiva sonoridade do real, pelo maná e pelo mel, pelos abraços da carne. A mística não é um estado de impermeabilidade, mas o seu contrário: uma radical porosidade à vida. Um ritmo, uma fadiga, uma respiração, uma voz, uma pele, uma luz e uma sombra, uma presença, um bater de coração, uma coroa de espinhos, uma errante alegria. É o chamamento para um encontro vivo de amor. Escutemos, então, Agostinho de Hipona:

> Mas que amo eu quando te amo? Não amo a beleza do corpo, nem o esplendor fugaz, nem a claridade da luz, tão cara a estes meus olhos, nem as do-

ces melodias das mais diversas canções, nem a fragrância de flores, de unguentos e de aromas, nem o maná, nem o mel, nem os membros tão afeitos aos abraços da carne. Nada disto amo quando amo o meu Deus. E, contudo, amo uma luz, uma voz, um perfume, um alimento, um abraço interior, onde brilha para minha alma uma luz sem limites, onde ressoam melodias que o tempo não arrebata, onde exalam perfumes que o vento não dissipa, onde se provam iguarias que o apetite não diminui, onde se sentem abraços que a saciedade não desfaz. Eis o que amo quando amo o meu Deus! (*Confissões*, X, 6.8)

TROCAR DE MÃOS

Numa cena de um dos filmes de Krzysztof Kieślowski, uma personagem aproxima-se da janela, num momento de particular dilema da sua história, e vê, lá fora, uma anciã que sobe vagarosamente a rua com um saco de compras em cada mão. Vê-a parar um instante, um instante só, para trocar os sacos de mão (o que estava na direita passa para a esquerda e vice-versa), como tantas vezes nós mesmos fazemos quando transportamos coisas que pesam. E, depois disso, a anciã prossegue o caminho. Pergunto-me o que terá visto a personagem de Kieślowski naquela imagem minúscula e imensa, e também o que vemos nós, o que escutamos interiormente quando nos aproximamos das janelas a certas horas, buscando, sem saber, o socorro da exterioridade.

A anciã parou um instante. E nessa brevíssima parada trocou os volumes de mão. Aparentemente nada se alterou, pois o peso dos sacos e a sua dificuldade mantiveram-se no limite em que estavam. Nem ela poderia fazer muito mais, se pretendia levar aquela tarefa até o fim. Mas nesse instante as suas mãos deixaram de estar ocupadas, readquiriram leveza, procuraram outros equilíbrios, porventura mais criativos, a que se ajustarem. Na verdade, nada se alterou. Entretanto, para aquela que recomeça o caminho, tudo é diferente.

Como chamaríamos a esse fundamental e urgente instante? Se tivesse de dar-lhe um nome, arriscaria "o instante de trocar de mãos". É claro que não são as mãos que se trocam. A esquerda não passará a ser direita. Mas gosto dessa espécie de brincadeira (e de sabedoria) para a qual a língua nos puxa. O que se troca é, claramente, o que as mãos seguram. A linguagem, contudo, não descreve o visível de maneira plana, do contrário não o poderia descrever jamais. Quando trocamos o peso que as mãos sustêm na viagem, concedemos às mãos exaustas a possibilidade de reinventar estratégias que lhes permitam persistir, e criamos, assim, a oportunidade para que se reencontrem. As mãos exaustas serão, por isso, as mesmas e também outras. Talvez valorizemos pouco "o instante de trocar de mãos", mas é graças a ele que a anciã, quando sente que lhe escasseiam as forças, consegue levar para casa aquilo de que precisa.

A onipotência humana é uma ilusão que, com maior ou menor estrondo, acaba por tombar. A bem dizer, não há quem não faça a experiência da vulnerabilidade. Não há quem não sinta, em determinado momento, que a porção ou a forma de existência que lhe coube é demasiado pesada para as forças que tem; que é capaz com facilidade de realizar umas coisas e outras não; que precisa de instantes para se refazer. Mesmo se, constrangidos pela necessidade ou absorvidos pelo prazer, prolongamos desmedidamente as etapas, há um momento em que levantamos a cabeça, colocamo-nos de pé, sacudimos as pernas (ou sentimos vontade disso), propomos uma trégua, uma pausa, por pequena que seja, para respirar novo ar. Parar torna-se uma exigência, se quisermos progredir com a vitalidade necessária.

No belo elogio que dedica à mão, Henri Focillon recorda que há dimensões da vida que só se conhecem assim, aprofundando o significado dos dedos e da concavidade das mãos, reconhecendo a sua fragilidade e firmeza. "Tudo aquilo que pesa, com um peso imperceptível ou com a quente pulsação da vida, o que tem uma casca, um invólucro, uma pele", é a mão quem conhece melhor. Os olhos deslizam pela superfície do universo, mas nada nos dá mais a medida do real do que o passo e a mão. Há quanto tempo não trocamos de mãos?

DEIXAR-SE TOCAR PELA MISERICÓRDIA

Se não há um momento em que nos libertamos e queremos verdadeiramente nascer do alto, como explicava Jesus a Nicodemos (cf. Jo 3,1-21), seremos sempre o homem velho. Mesmo que o tempo seja novo, continuaremos envelhecidos. Sejamos realistas. A vida adulta é um cemitério de histórias mal resolvidas, de pontas que não sabemos bem como retomar, de coisas que se perderam, de dívidas que temos em relação aos outros ou que os outros têm em relação a nós, de amor que não aconteceu e do insustentável peso dessa omissão. Quantas vezes as reações que hoje temos, a nossa incapacidade de ser como o pássaro e como o lírio do campo, não têm a ver com esta prisão que no fundo de nós nos enovela, nos aprisiona? Queremos ir mais longe, mas estamos sempre tropeçando no mesmo: não estamos reconciliados. E isso continua deixando-nos desconfiados em relação à vida. A purificação da memória não é apenas uma viagem ao passado. É deixar-se tocar pelo mistério da misericórdia, fazendo disso um sim pleno em relação ao instante presente que vivemos.

Um dos poemas mais impressionantes de Tonino Guerra chama-se "A borboleta", e conta o dia em que ele foi libertado do campo de concentração e percebeu que não só externamente acontecera uma libertação: "Contente, mesmo contente/ estive na vida muitas vezes/ mas nunca como quando em liberdade/ na Alemanha/ me pus a olhar para uma borboleta/ sem vontade de a comer".

QUANDO NÃO NOS DEIXAMOS TOCAR

Às vezes, quando não permitimos que nada nem ninguém nos toque, a nossa dificuldade é com nós mesmos. O problema de fundo é não conseguirmos nos amar, não gostarmos de nós, da nossa cara, do nosso corpo, da nossa idade, da nossa cultura, do que temos ou não temos, do que sabemos ou não. Não gostamos, não amamos. E somos infelizes. E acontece-nos disfarçar essa lacuna num orgulho ou numa autossuficiência que apenas escondem (e escondem mal) a nossa fragilidade profunda. Aprender a amar-se a si mesmo é tarefa para uma vida inteira. É uma coisa que nunca está acabada. Estamos sempre descobrindo o que significa.

Quando nos amamos a nós mesmos, sabemos também amar os outros. Multiplicamo-nos em atenções e serviços, mas nem sempre isso é amor. Damos até muitas coisas, mas não somos capazes de nos darmos. Não raro, o que julgamos ser amor é uma forma de poder sobre os outros, tê-los na mão, controlar, manipular, obter admiração. O verdadeiro amor é entregar o nosso amor aos outros sem estarmos preocupados com aquilo que os outros vão fazer dele.

Escreveu Mestre Eckhart: "Se te amas a ti mesmo, amas todos os homens como a ti mesmo. Enquanto amares uma só pessoa menos do que a ti mesmo, não te amaste verdadeiramente a ti mesmo".

O TOQUE EM SAÚDE

Também nos cuidados de saúde se consolidou a percepção de que tocar os doentes (e um tocar não coincidente simplesmente com o tocar técnico) pode ser um fator relevante no processo terapêutico. O doente, quando tocado de forma respeitadora e não intrusiva, recebe estímulos de humanidade, de autoestima e confiança que facilitam, em última análise, o curso da sua recuperação. Um profissional de saúde deve saber que, por vezes, um simples toque ajuda a amenizar a perturbação, tranquiliza sentimentos agitados e transmite um conforto que nenhuma máquina ou fármaco transmite.

TEMOS DE APRENDER

O que me marcou mais na leitura de Cicely Saunders, a médica que fundou a primeira unidade de cuidados paliativos, foi uma frase repetida continuamente pela autora: "Temos de aprender". Temos de aprender a cuidar da dor e a minorá-la, mas não só com comprimidos: também com o coração, com a presença, com os gestos silenciosos, com respeito, com uma expectativa de coragem. Os doentes não estão à procura de indulgência. Temos de aprender a embalar a fragilidade, a dos outros e a nossa própria, ajudar cada um a reencontrar-se com as coisas e com as memórias certas, a não desesperar, a encontrar um fio de sentido no que está vivendo, por ínfimo e trêmulo que seja. Temos de aprender a ser suporte, temos de querer eficiência técnica, mas também compaixão, temos de reconhecer o valor de um sorriso, ainda que imperfeito, em certas horas extremas. Perto do fim há sempre tanta coisa que começa.

Uma das lembranças que me é mais querida provém, por exemplo, da última internação de meu pai. Recordo-me de, por dias e dias, andar de mão dada com ele, muito devagarinho, no grande corredor do hospital. Eu lhe passava toda a força que podia com a minha mão. Mas a mão dele era maior do que a minha. E sei que ainda é.

O QUE É UM ABRAÇO?

O que é um abraço? Se calhar, a primeira forma do primeiro abraço que demos foi apenas um agarrar-se para não cair. No entanto, pouco a pouco, num processo paciente onde os corpos fazem a aprendizagem de si (e do amor), o abraço deixa de ser uma coisa que você me dá ou que eu lhe dou, e surge como um lugar novo, um lugar que ainda não existia no mundo e que juntos encontramos.

Buscar o infinito sabor

O SABOR DAS ORIGENS

Um velho camponês do sul da Itália, região da Calábria, vai ao encontro de um filho advogado que vive em Milão para submeter-se ali a uma série de exames médicos. O choque entre campo e cidade não podia ser maior. O velho homem da terra sente-se deslocado das suas raízes e admira-se que o filho suporte aquela vida, aquele ritmo extenuante, aquele prédio onde os vizinhos não se conhecem, aquela comida sem sabor. Uma noite em que a nora está fora, viajando, e o filho chega em casa só na hora de jantar, o velho decide preparar-lhe uma surpresa. Quando se sentam à mesa, já os pratos estão colocados, devidamente cobertos para se manterem em boa temperatura, e cujo conteúdo o filho vai descobrir, antes das palavras, pelo odor: "Esse odor conhecido, e contudo inclassificável; antigo e penetrante. Esse odor...". Eram pedaços de pão, uns fantásticos pedaços de pão camponês, temperados com manjericão e ervas genuínas que o velho, naquele espaço de tempo, apurando o seu olfato na confusão daquela cidade, havia descoberto numa mercearia escondida. À medida que vai comendo, abre-se lentamente uma porta na memória do filho. E ao seu pensamento acorrem pastores e castanheiros, fogueiras no campo e canções, fomes infantis e mãos maternais. De repente, o pai começa a dizer umas frases no dialeto calabrês e ele o acompanha. São horas felizes como não tinham ainda tido desde o seu reencontro. E, no fim do jantar, antes de se despedirem para dormir, separaram-se com um abraço. Um abraço forte que torna visível uma cumplicidade afetiva restaurada.

Essa história é contada por José Luis Sampedro, no seu romance *O sorriso etrusco*, e mostra como o sabor dos pratos familiares e locais representa a possibilidade última de uma ligação com as origens quando todos os outros traços se perdem. É comum, por exemplo, que os emigrantes adotem no dia a dia a dieta alimentar dos países para onde se deslocam. Mas há momentos (sobretudo os mais marcantes: um aniversário, uma festividade...) em que só o sabor das origens lhes dá o sabor da alegria.

A BÍBLIA CONTADA PELOS SABORES

"Aproximei-me do anjo e pedi-lhe que me desse o livro. Ele me disse: 'Toma-o e come-o'" (Ap 10,9). Esta é uma passagem do livro do Apocalipse que ilustra bem a nossa relação com o texto sagrado. Entre o ler e o comer, a Bíblia sugere uma afinidade que não fica pela metáfora. Literalmente, a Bíblia é para comer. É odorosa, recôndita, vasta como a mesa celeste, íntima como a mesa materna, grata ao paladar, engenhosa, profusa, profícua. Descreve os copiosos bosques profanos e as ofertas alimentares sagradas, recria ascéticos desertos e o deleite dos palácios, conta com a esporádica caça e os pastos cevados, com as comidas quase triviais do caminho e os banquetes há muito anunciados. Não é insólito que se olhe atentamente para a cozinha da Bíblia. Ou que se arrisque dela uma tradução, uma transposição, não de vocábulos, mas de sabores.

Se atendermos ao extenso volume das prescrições culinárias presentes na Bíblia, não nos parecerá bizarro que se fale, a propósito dela, de uma autêntica teologia alimentar ou se refira ao texto sagrado judaico-cristão como um esplêndido catálogo de receitas. De fato, a revelação bíblica também se apreende comendo. E a sua leitura constitui uma minuciosa iniciação aos sabores: ao escondido sabor do leite e do mel, ao sabor do trigo tostado, ao motivo do pão ázimo [a fuga do Egito], ao riso iluminado despertado pelo manjar pascal.

UM PÃO DE MIL SABORES

O maná é o alimento que Deus faz chover do céu (caía do céu com o orvalho da noite) para permitir ao seu povo sobreviver na longa travessia do deserto. A primeira descrição gastronômica do maná, no livro do Êxodo (capítulo 16), é muito genérica: vem simplesmente apresentado como "pão". Mais tarde, no livro dos Números, temos uma informação mais detalhada: "O maná era como a semente do coentro e o seu aspecto como a resina. O povo espalhava-se a apanhá-lo e moía-o em moinhos ou pisava-o em pilões; cozia-o em panelas e fazia bolos; tinha o sabor de tortas com gordura de azeite" (Nm 11,7-8). A descrição desse alimento continua Bíblia afora, e a tendência é materializar nele todos os sabores para expressar assim a excelência própria dos dons que recebemos de Deus. O momento mais alto dessa construção analógica é, provavelmente, o enunciado que surge no livro da Sabedoria: "Deste ao teu povo um alimento dos anjos, enviaste-lhe do céu um pão, sem esforço deles, um pão de mil sabores e adaptado a todos os gostos". E explicava assim o prodigioso funcionamento que fazia do modestíssimo maná um "pão de mil sabores": "Este alimento [...] acomodava-se ao gosto de quem o comia e transformava-se segundo o desejo de cada um" (Sb 16,20-21). Compreendemos que o paladar não é indiferente ao amor de Deus, como não é de todo indiferente a qualquer amor. Deus saboreia-se, Deus é sabor.

SABOREAR DEUS

Saborear Deus! Esta é a proposta que nos faz o saltério, e não por acaso, pois os salmos conjugam a fé na primeira pessoa do singular. Sendo poesia e oração, não se constroem com conceitos. As suas são palavras que acompanham o corpo, o tempo, a surpresa, a dor e a delícia de ser. Aquilo que cada um vive é o ponto de partida para uma relação com Deus, e uma relação que raramente é plana, que jamais é previsível ou repetitiva. O crente que habita os salmos (sejam os diferentes poetas que os compuseram, sejam os diferentes leitores que, pela leitura, os tornam seus) não separa a fé das suas emoções. Quando tem de dançar, dança; quando tem de bendizer, bendiz. Mas também, quando tem de atirar o seu grito na noite mais escura, o faz com uma verdade que estremece. A oração tem de mostrar as linhas de fogo da vida. Só assim ela pode ser aprendizagem de Deus. Não admira, por isso, que dentre as passagens bíblicas que referem o sabor e o degustar o livro dos Salmos ocupe um lugar tão especial.

O Sl 27 diz: "Uma só coisa peço ao Senhor/ e ardentemente a desejo:/ habitar na casa do Senhor todos os dias da minha vida,/ para saborear o seu encanto..." (Sl 27,4). Quando é que saboreamos? Quando detemos o mero exercício de devorar o mundo; quando se introduz uma lentidão interior; quando contemplamos com as papilas gustativas; quando o nosso corpo contempla; quando, todo concentrado, ele observa, surpreende-se, avizinha, entreabre o segredo, deixa essa espécie de epifania revelar-se. O sabor é sempre uma forma de intimidade que supõe o contato profundo. Enquanto das coisas que permanecem exteriores podemos apreciar, avaliar, distinguir, o sabor implica sempre uma relação mais total. Não há pressa. Quanto mais precioso é o manjar ao nosso paladar, mais o repartimos em minúsculas medidas para estender aquele instante. Na mínima porção percebemos o máximo do sabor, naquela migalha minúscula colhemos o máximo da doçura. Não se trata apenas de encher o estômago, de matar desordenadamente uma fome.

Surge-nos depois o Sl 34. E, de novo, somos colocados na conjugação entre um hino litúrgico de louvor para uso de uma assembleia e uma autobiografia confessional. Isso é claro também no jogo entre o "eu" e o "vós" em que a composição assenta. Mas o ponto de partida é a experiência pessoal, como se vê no arranque da composição:

> Em todo o tempo, bendirei o Senhor;/ o seu louvor estará sempre nos meus lábios./ A minha alma gloria-se no Senhor!/ Que os humildes saibam e se alegrem./ Enaltecei comigo o Senhor;/ exaltemos juntos o seu nome./ Procurei o Senhor e ele me respondeu,/ livrou-me de todos os meus temores. (Sl 34,2-5)

Há uma experiência de Deus, fundada não numa abstração, mas numa relação vivida, constatada: a procura teve resposta, a obra de libertação "de todos os meus temores" aconteceu. Desse modo, o espantoso desafio lançado pelo salmista no versículo 9 não é temerário nem vão. Ele sabe em quem colocou a sua confiança e firmemente ancorado diz: "Saboreai e vede como o Senhor é bom; feliz o homem que nele confia!" (v. 9). Por que saborear? O sabor revela, ilumina, dissemina-se por dentro de nós até tornar-se vida.

A Primeira Carta de Pedro, no Novo Testamento, é uma revisitação de eloquência sagrada dessa teologia do sabor de Deus que encontramos nos salmos. Numa clara paráfrase, podemos ler: "Como crianças recém-nascidas, ansiai pelo leite espiritual, não adulterado, para que ele vos faça crescer para a salvação, se é que já saboreastes como o Senhor é bom" (1Pd 2,2-3).

O SABOR EM QUE NOS TORNAMOS

Jesus, nos Evangelhos, fala também do sabor. Nas versões de Mateus e Lucas, o seu aforisma é relatado de forma muito coincidente: "Vós sois o sal da terra. Ora, se o sal se corromper, com que se há de salgar? Não serve para mais nada, senão para ser lançado fora e ser pisado pelos homens", diz o Evangelho de Mateus (Mt 5,13; e veja-se também o paralelo de Lc 14,34-35). Na versão de Marcos, porém, há uma curiosa alteração: "O sal é coisa boa; mas, se o sal ficar insosso, com que haveis de o temperar? Tende sal em vós mesmos e vivei em paz uns com os outros" (Mc 9,50). A principal novidade é este inciso final: "Tende sal em vós mesmos..." O sabor não é uma coisa que possuímos exteriormente; é, como em todas as experiências que requerem uma arte de ser, uma coisa em que nos tornamos. A expectativa de Jesus é que ele possa inspirar vidas saborosas, distantes do caldo insosso daquilo que, até sendo, verdadeiramente nunca foi, nunca chegou a ser. Jesus não semeia uma neutralidade: semeia, antes, o gosto e o risco de viver. Não podemos, por isso, condescender com as nossas deserções e fugas para longe do sabor.

UM NOVO PROTOCOLO AO REDOR DA MESA

O pomo da discórdia em relação a Jesus não era apenas que ele comesse e bebesse, porque o ascetismo de alguns movimentos era também severamente contradito pelas autoridades religiosas do tempo. O problema era que Jesus comesse de qualquer maneira e com toda a espécie de pessoas, isto é, relativizando as normas da pureza ritual e fazendo da mesa a possibilidade de um encontro para lá das fronteiras que a lei estabelecia. Aceitando o convite para sentar-se à mesa com os pecadores, Jesus estava infringindo o poderoso sistema de pureza em que assentava a coesão sociorreligiosa. Mas não só: é essa a forma eleita para apresentar uma inédita experiência de Deus. Na linha da abrangência universalista do banquete messiânico, que os profetas de Israel haviam projetado para o futuro, Jesus reivindica uma religião que não fique refém de um legalismo moral e social, mas torne acessível a misericórdia de Deus. Para isso levanta as proibições e provoca uma reviravolta no protocolo da mesa.

Essa estratégia de Jesus já está documentada na primeira refeição que realiza com os pecadores. Após ter chamado para seu discípulo um publicano de nome Levi (é verdade, Jesus investe nas margens), este oferece-lhe um banquete em sua casa. O fato não passa incólume à vigilância reguladora das autoridades e surge a pergunta: "Por que comeis e bebeis com os publicanos e os pecadores?" (Lc 5,30). A resposta que Jesus dá representa uma espécie de mapa da originalidade do seu ministério. Jesus não se centra na luta pela abolição das normas em si, antes refere a emergência de uma necessidade superior, que ele agora representa: "Não são os que têm saúde que precisam de médico, mas os que estão doentes. Não foram os justos, mas os pecadores, que eu vim chamar ao arrependimento" (Lc 5,31-32).

A relação de mesa com os pecadores explica o sentido da missão de Jesus: anunciar e concretizar o perdão de Deus. É certo que a experiência da misericórdia e do perdão divino estão, de certa forma, em continuidade com a tradição bíblica precedente. Mas a insistência, prefigurada na refeição, de um acolhimento de Deus sem condicionamentos prévios é lida como uma dissidência pelo aparelho religioso vigente. Não são os pecadores que se convertem para assim alcançar misericórdia e perdão; os pecadores são alvo da misericórdia e convertem-se. O percurso de Jesus colide frontalmente com a teologia que o Templo patrocinava. Na singular hermenêutica daquele camponês do Mediterrâneo, a história encontrava-se com o Reino de Deus num limiar desconcertante: a composição da mesa. As refeições são para Jesus atos performativos, onde ele explicita o seu projeto, colocando os que não podem estar juntos à volta da mesma mesa, preparando uma refeição igualitária para a multidão díspar.

A comunidade de mesa com os pecadores foi tida, pelos opositores de Jesus, como uma insolente atuação anárquica. Mas os seus seguidores a percebiam como a expressão e a confirmação de que o Reino de Deus tinha chegado com ele, e de que a salvação de todos era uma realidade possível: comendo com pecadores, Jesus corporizava o Reino que estava proclamando. Não admira que este tópico peça para ser entendido como um dispositivo messiânico fundamental.

Jesus, quando envia seus discípulos, encarrega-os de uma missão semelhante. Recomenda-lhes que não carreguem bolsa nem alforje. Os pregadores cínicos (que praticavam também o envio) mendigavam o seu alimento e precisavam, por isso, de um alforje. Na tradição judaica, eram também conhecidas maneiras de fazer entrar na bolsa pessoal uma justa remuneração pelo trabalho do ensinamento. Os discípulos de Jesus, porém, compartilham um anúncio com as populações com as quais contatam, entrando nas suas casas e sentando-se à sua mesa. A mesa é uma espécie de fronteira simbólica que testemunha o encontro inesperado do diverso e encena uma possibilidade efetiva de comunhão. A esmola estimula uma aproximação, mas não faz propriamente tombar as fronteiras. A mesa comum, pelo contrário, é instauradora de reciprocidades. Por isso os códigos de honra e as regras de pureza (moral, ritual, étnica), tão estruturantes para as sociedades mediterrânicas, vão ser abalados pela aparição das comunidades cristãs, que estabelecem vínculos igualitários e fraternos entre desiguais e desconhecidos.

O SABOR DAQUILO QUE NOS ALIMENTA

Uma das últimas palavras que Jesus disse foi: "Desejei ardentemente comer esta Páscoa convosco" (Lc 22,15). O comer não era circunstancial na sua vida. Interessante o verbo que ele utiliza, "desejei", porque sabiamente liga a refeição ao desejo.

Um versículo do Talmude afirma: "Antes de comer, o homem tem duas almas. Depois de comer, o homem tem uma alma". Antes de comer, estamos separados, habitam-nos desejos diferentes, fazemos a experiência da divisão. Depois de comer, o homem redefine-se, reencontra-se, confia. O caminho espiritual é um viver em si, na sua alma, no seu lugar. Por isso ninguém reencontrará a sua alma se não reencontrar também o sentido e o sabor daquilo que o alimenta.

POR VEZES FAZEM-SE BANQUETES APENAS COM PALAVRAS

Jamais esquecerei que uma das refeições mais extraordinárias que saboreei era feita simplesmente de palavras. Escutei-a ao poeta Tonino

Guerra e conta-se (ou prepara-se) assim. Um grupo de italianos da resistência estava num campo de concentração. Chegou o dia de Natal e, com ele, a mesmíssima ração de miséria. Cada um deles, para consolar-se, recordava o que comia em sua casa nesse dia: a *tagliatella al ragù*, os *ravioli* à moda de Bolonha, a vitela em vinho aromatizado acompanhando a *polenta*, e por aí vai. Ele não disse, mas penso ter sido Tonino Guerra que propôs que, naquele momento, criassem juntos um prato. "Podemos fazer uma massa com palavras!", disse. "E como seria?", quiseram saber. Então, Tonino começou a falar aceleradamente, distribuindo ordens:

> Aqueça a água. Você, vá buscar uma cebola. Depressa, depressa, frite-a numa caçarola. Você, olhe o fogo. Junte quatro colheres de azeite. Você, traga a carne moída. Um copo de vinho branco, onde está o vinho branco? Que maravilha! Sentem o perfume? Tragam o sal e a pimenta. A massa está no ponto. Escorram rapidamente a água. Você, traga o molho para juntar. Eu trato de colocar uma nuvem de *parmigiano* e... pronto. (*Bate as palmas.*) Rápido, rápido, cada um traga o seu prato.

Aqueles homens abriram suas mãos e, com gestos confiantes, levaram-nas à boca, saboreando lentamente o prodígio invisível. Quando o último deles foi servido, o primeiro perguntou: "Posso repetir?".

"BOM DOMINGO E BOM ALMOÇO"

É com essa frase que o Papa Francisco se despede habitualmente dos fiéis reunidos para o *Angelus* a cada domingo. É uma expressão inabitual, há que reconhecer. O que os pontífices anteriores se concediam era, quanto muito, um aceno de mão a mais ou um sorriso que se abria. Naquela janela do Palácio Apostólico, tanto João Paulo II como Bento XVI, só para falar dos mais recentes, mostraram-se sem véus, é verdade. Basta lembrar o dolente calvário do Papa Wojtyla, que fazia alguns comentadores perguntarem se não seria demais a exposição pública de tamanho sofrimento. Ou os últimos *Angelus* do Papa Ratzinger, antes e depois da grande renúncia. Para quem quisesse ver, estava tudo ali. E a forma de comunicação não era nem melhor nem pior, era simplesmente diferente. Mas o que toca tanta gente no estilo do Papa Francisco é esta capacidade, que parece fácil, mas é muito rara, de avizinhar-se, de revelar-se familiar, de expressar uma atenção concreta pelos outros. Traduzida por ele, a pastoral deixa de ser uma ciência abstrata, feita de gráficos e organogramas. Deixa de reger-se por categorizações e manuais. É evangélica, instintiva e inclusiva; torna-se uma arte que o coração conhece (e reconhece). É um pacto de confiança que aceita a necessidade permanente de refazer-se. É um passar da soleira formal, onde tantas vezes a evangelização, infelizmente, se detém. Jesus enviou os seus discípulos dizendo-lhes que entrassem nas casas, que se sentassem à mesa, que comessem e bebessem do que lhes fosse servido (cf. Lc 10,8). Nessa comunhão de mesa e de destino realiza-se uma das viagens mais surpreendentes que se pode fazer, em qualquer tempo e em qualquer civilização: o transcender aquele espaço que separa os outros dos nossos; o ultrapassar os obstáculos que dividem o mundo entre estranhos e familiares. Quando ouvimos o Papa Francisco desejar "bom domingo e bom almoço", não é apenas uma forma tipificada de cortesia. É mais do que isso. É muito mais.

QUANDO NÃO COMER É UMA ORAÇÃO

Só um Cristianismo sem sabor pode liquidar o jejum como irrelevante ou achar que pode fazer equivaler a privação do alimento à privação de qualquer bem ou gasto supérfluo. O que está em causa no jejum é a possibilidade de nos interrogarmos sobre algo mais fundo: aquilo que nos serve de alimento e a voracidade sonâmbula com que vivemos. Pois, como lembra José Augusto Mourão, "há em nós um desejo de ser ou de viver, que nenhum alimento do mundo pode saciar. O que é desejado em nós não são tanto os objetos de que parecia termos necessidade, mas aquilo que subjaz ao fundo de que vivemos, o dom da vida". É com isso precisamente que o jejum dialoga.

Nos seus traços bíblicos e cristãos, o jejum não é uma simples desintoxicação da bulimia em que estamos mergulhados, mas um modo, ao mesmo tempo simbólico e real, de exprimir que o verdadeiro alimento da nossa vida é outro, está em outra parte. Dessa forma, somos chamados a tomar o jejum como lugar de um reencontro espiritual autêntico – e isso através de uma aprendizagem da conversão. É na medida em que o crente aprofunda o amor indefectível de Deus que poderá aceitar o risco e a exigência de um compromisso assim vital.

Na sua simbólica política (que evidentemente tem, não o esqueçamos), o jejum é também uma contestação declarada a uma cultura que identifica no consumo a sua promessa de felicidade, e que promove essa procura no modo egocêntrico mais básico. O jejum é um posicionamento em face dos tráficos de desejo que cada um traz alojados dentro de si. A vida cristã é uma economia de resistência e de combate. O jejum deve tornar-se um compromisso ativo em vista de uma transformação das estruturas opressivas de um mundo que, por exemplo, na sua organização atual, patrocina o desfrute devorante das fontes do planeta.

O jejum, porém, só encontra a sua legibilidade quando nos reaproxima dos outros, recolocando-nos a operar num horizonte comunitário e relançando as nossas competências relacionais. É na medida em que o crente solidamente ancora a sua prática na relação que poderá aceder verdadeiramente à significação do jejum: renúncia à atitude individualista das várias tipologias de consumo em vista da sobriedade, da condivisão, da solidariedade e do dom. O jejum tem de inspirar uma nova qualidade e um novo estilo de relação, afastando-nos quer das práticas predatórias e suas cotidianas insinuações, quer da indiferença determinada pela busca insistente do proveito próprio.

Escreve o monge Carlos Maria Antunes, no seu oportuníssimo livro *Só o pobre se faz pão*:

O jejum deixa-nos indefesos, confrontados com a nossa nudez, libertando-nos da tirania das máscaras e expondo a pobreza radical que habita cada ser humano. Revela que a nossa fome não é só de pão e que o nosso desejo mais profundo é sempre desejo do outro. Ampliando o nosso espaço interior, transforma-se numa forma singular de hospitalidade, que permite o acolhimento de si mesmo e do outro, na sua mais genuína originalidade e verdade.

O ELOGIO DA SIMPLICIDADE

Talvez seja importante começar por declarar o que a simplicidade não é. E a primeira das distinções necessárias é esta: a simplicidade não se confunde com a pobreza. Sobre a pobreza podemos elaborar uma série de explicações (sociais, financeiras, pessoais), mas uma evidência acaba sempre por emergir: ela não corresponde a uma escolha livre, ao contrário da simplicidade. Outra comparação a evitar é entre simplicidade e avareza. Se somos empurrados para a pobreza por fatores externos, à avareza chegamos condicionados por feridas e obsessões internas. E a avareza, como se sabe, é uma espécie de contrapaixão solitária, triste e final, como podem ser as derrapagens íntimas que sofremos. A simplicidade não é sequer uma decisão ou uma prática de poupança. As razões para poupar estão dramaticamente colocadas na ordem do dia. O futuro deixou de estar garantido e tem de ser o presente a precavê-lo. A poupança é reforçada, por isso, em nome de uma finalidade que está para além dela. Os gastos são contidos, o frenesi aquisitivo é travado não por vontade própria, mas para enfrentar melhor a incerteza dos tempos. Ora, da simplicidade podemos chegar a concluir que ela produz também poupança. Esse é, porém, um seu efeito colateral.

O que é, então, a simplicidade? É a escolha do pouco, de viver com pouco, procurando encontrar aí, ou retirar daí, o máximo sentido. A abundância é um estado de fusão, indiferenciado, sem diques, onde tudo se mistura: o ajustado e o supérfluo; o eleito e o repetido; o original e o banal; a possibilidade de consumo e a promessa de felicidade. A simplicidade desprende-se, distancia-se, ganha consciência crítica, não abdica da sua liberdade. A simplicidade é um estilo. Há uma frase de Henry David Thoreau que a ilumina especialmente. E ela diz: "A riqueza de um homem é proporcional não ao número de bens que ele pode possuir, mas ao número de coisas a que ele pode renunciar".

Há também um dito delicioso de Jesus, no Evangelho de Lucas, que primeiro parece um enigma e, depois, percebemos que é um mapa. Jesus diz a Marta, a sua anfitriã atarefada: "Marta, Marta, andas ocupada com muitas coisas. Uma única, contudo, é a coisa necessária". O dito é um enigma, porque Jesus sabiamente não revela que coisa necessária é essa. E é um mapa também, quando compreendemos que só nós poderemos esclarecer o enigma, e que o vamos fazendo de maneiras diferenciadas ao longo da nossa existência.

Podemos estar viajando pela vida afora com uma mala pequena ou uma mala grande. Não conta o tamanho da mala. Se ela está cheia porque é realmente pequena ou porque nós a tornamos assim, teremos de retirar dela alguma coisa se quisermos colocar outras novas no seu lugar. E acontece passarmos a vida nisso: acumulando, esvaziando, acumulando. A frugalidade não depende do tamanho da mala. O viajante de costumes simples é aquele que tomou a decisão prévia de transportar consigo o essencial, deixando sempre na sua bagagem um espaço disponível.

QUEM DÁ DE BEBER A QUEM

No conhecido relato do Evangelho de São João (Jo 4,5-42), Jesus vem ao encontro da mulher samaritana com o mais extraordinário dos pedidos: "Dá-me de beber". Sintamos, por muito que isso nos desconcerte, que a proposta do Senhor continua a ser essa: "Dá-me de beber, dá-me o que tens e o que não tens, dá-me o que trazes e o que perdeste, dá-me o que és". Esse pedido nos coloca diante da surpresa do amor. Sendo de condição divina, como recorda São Paulo, Jesus não se valeu da sua igualdade com Deus (cf. Fl 2,6-11). Tendo a possibilidade de dispensar a nossa contribuição frágil e humana, o Senhor, no entanto, nos diz: "Dá-me de beber". Essa palavra não deixa de espantar, pois inverte o jogo das nossas expectativas. Sede nós temos. Fome nós sabemos o que é. A necessidade pontua o nosso viver inseguro. Mas, de repente, Jesus vem e diz: "Não, tu é que me darás de beber". Ele restabelece a possibilidade da aliança com a mais surpreendente das revelações.

A mulher samaritana sentiu a surpresa e a dificuldade desse pedido. E tenta escapar de Jesus perguntando-lhe como é que ele, sendo judeu, lhe pede de beber. Mas Jesus não se esquiva à resposta: "Se soubesses quem é que fala contigo, tu é que pedirias: 'Dá-me de beber'". Estamos muito presos às nossas resistências, nossos medos e indefinições, como se pesassem mais os nossos entraves do que a hospitalidade para a qual o Senhor nos convoca. Temos tantas desculpas, boas e más, para não nos abandonarmos no amor. Tal como a samaritana, olhamos para a vida e dizemos "Senhor, como é que tu vais tirar água deste poço?", no fundo com desconfiança sobre as possibilidades de Deus. E esse é o verdadeiro problema. Não é não acreditarmos que Deus é o Senhor da história: é duvidarmos que Deus seja o Senhor da *nossa* história. Não é não acreditarmos que Deus seja o criador do mundo, coisa que talvez facilmente aceitemos. A dificuldade mais espinhosa é a de acreditarmos, com todas as forças, que o Senhor possa ser o recriador do *nosso* mundo interno, o reconfigurador da *nossa* existência. Quando se trata disso, começamos logo a dizer como a samaritana: "O poço é profundo e tu não tens balde".

O QUE É FEITO DO NOSSO DESEJO?

Há perguntas que estão, desde sempre, à nossa espera. Podemos evitá-las, tentar passar ao largo ou desconversar por longo tempo, mas dentro de nós sabemos que esse esconde-esconde tem um preço. Subtraí-las é subtrairmo-nos e faltar à chamada que a vida nos faz. Uma dessas perguntas prende-se com o desejo e, na forma mais incisiva e pessoal, formula-se assim: "Qual é o meu desejo?". O meu desejo profundo, aquele que não depende de nenhuma posse ou necessidade, que não se refere a um objeto, mas ao próprio sentido. "Qual é o meu desejo?" O desejo que não coincide com as cotidianas estratégias do consumir, mas sim com o horizonte amplo do consumar, da realização de mim como pessoa única e irrepetível, da assunção do meu rosto, do meu corpo feito de exterioridade e interioridade (e ambas tão vitais), do meu silêncio, da minha linguagem.

A sociedade de consumo, com as suas ficções e vertigens, promete satisfazer tudo e todos, e falaciosamente identifica a felicidade com o estar saciado. Saciados, cheios, preenchidos, domesticados – assim estamos, resolvidas na festa do consumo as nossas necessidades (ou o que pensamos que sejam). A saciedade que se obtém pelo consumo é uma prisão do desejo, reduzido a um impulso de satisfação imediata. O verdadeiro desejo, porém, é estruturalmente assinalado por uma falta, por uma insatisfação que se torna princípio dinâmico e projetivo. O desejo é literalmente insaciável porque aspira àquilo que não se pode possuir: o sentido. Nessa linha, o desejo não se sacia, mas aprofunda-se.

Por tudo isso não encontramos a pergunta "Qual é o meu desejo?" sem consentir nessa viagem, que só começa quando ousamos entrar em nós mesmos. Quando, por força de razões relevantes ou pela ironia do que nos parece apenas poeira displicente de um acaso, nos dispomos finalmente a compreender o que está em nós desde o princípio, mas habitando o outro lado dos nossos espelhos. E, como dizia Françoise Dolto, quando chega essa hora, "quando um qualquer ser humano sente um desejo suficientemente forte para assumir todos os riscos do seu próprio ser, é porque está pronto para honrar a vida de que é portador".

O que é que acontece, então? Damos por nós interrogando, refletindo, hesitando, elaborando interiormente a nossa experiência, olhando de outra maneira para determinados momentos. Talvez nos sintamos inesperadamente próximos daquilo que Merleau-Ponty deixou escrito: "Solidão e comunicação não devem ser vistos como os dois termos de uma alternativa, mas como duas faces de um único fenômeno". Talvez arrisquemos pela primeira vez ultrapassar os circuitos rotineiros, a cartografia sonolenta e supostamente confortável onde enclausuramos a vida. Particularmente difícil será manter contato com o sofrimento submerso e abraçar aquela dor que nos custa reconhecer. A não sei que braças de profundidade situa-se uma dor nunca reparada, mas que condiciona toda a superfície. Identificar e cuidar dessa dor é a condição para sermos nós mesmos e podermos entender também a dor que os outros transportam, tocando a nossa e a sua verdade. O momento da aceitação de si, com lacunas e vulnerabilidades, é uma etapa crítica, dilacerante até, mas abre-nos à transformação e fecundidade possíveis, abre-nos à enunciação do desejo. E, não o esqueçamos, quantas vezes a vulnerabilidade acolhida se torna a janela por onde entra a inesperada transparência da graça.

Cada pessoa é um *Homo desiderans* [Homem que deseja]. Mas com frequência temos de nos perguntar sobre o que é feito do nosso desejo.

NO DESERTO ACORDAS UMA FONTE

Que diagnóstico podemos fazer da nossa vida? Fazemos apostas que se revelam circunstanciais, apenas partes do caminho, e não a totalidade, e nunca a plenitude que desejamos. Parece que o nosso coração se quebra, que o entusiasmo arrefece, que os passos se tornam mais pesados. Bebemos de tantas fontes e a sede volta sempre... Experimentamos o que é saciar-se provisoriamente e não ficar com o coração transparente, iluminado. Conhecemos o que é procurar, o que é bater insistentemente a diferentes portas, e continuar, no entanto, adiado. Às tantas, sentimos que, nem que bebêssemos toda a água do mundo, a sede que trazemos poderia tranquilizar-se. E damos por nós a repetir o belo e triste refrão que o grande escritor sueco Stig Dagermann apresenta num dos seus livros: "A nossa necessidade de consolação é impossível de satisfazer".

Mas o próprio Jesus sabe isso. Ele conhece o drama de voltarmos a ter sede. E diz-nos: "Quem beber da água que eu lhe der, nunca mais terá sede, pois a água que eu lhe der tornar-se-á nele uma fonte de água jorrando para a vida eterna" (Jo 4,13). Reparemos no que Cristo propõe: que aceitemos que ele coloque no nosso coração uma fonte, e que descubramos em nós a fonte de vida divina. Só assim a sede passa, cura-se a ansiedade, relativiza-se a angústia, os problemas ficam na sua devida proporção. Não se trata de procurar apenas um remendo para a vida que nos estoura, porque um remendo em tecido velho de nada serve. Trata-se, sim, de redescobrir que dentro do deserto que eu sou Deus acorda uma fonte de água viva. E isso muda tudo.

DEVAGAR PARA SABOREAR

Sem lentidão não há paladar. Talvez precisemos, por isso, voltar a essa arte tão humana que é a lentidão. Os nossos estilos de vida parecem irremediavelmente contaminados por uma pressão que não dominamos; não há tempo a perder; queremos alcançar as metas o mais rápido possível; os processos nos desgastam, as perguntas nos atrasam, os sentimentos são um puro desperdício: dizem-nos que temos de valorizar resultados, apenas resultados. Por conta disso, os ritmos de atividade tornam-se impiedosamente antinaturais. Cada projeto que nos propõem é sempre mais absorvente e tem a ambição de sobrepor-se a tudo. Os horários avançam impondo um recuo da esfera privada. Deveríamos, contudo, refletir melhor sobre o que perdemos, sobre o que vai ficando para trás, submerso ou em surdina, sobre o que deixamos de saber quando permitimos que a aceleração nos condicione desse modo. Com razão, num magnífico texto intitulado *A lentidão*, Milan Kundera escreve: "Quando as coisas acontecem depressa demais, ninguém pode ter certeza de nada, de coisa alguma, nem de si mesmo". E explica, em seguida, que o grau de lentidão é diretamente proporcional à intensidade da memória, enquanto o grau de velocidade é diretamente proporcional à intensidade do esquecimento. A pressa nos dá, assim, uma impressão de si que é fictícia. Ao contrário do que parece, o seu aliado é o esquecimento, não a memória. Tudo passou no mesmo galope com que entrou.

Uma alternativa será, talvez, resgatar a nossa relação com o tempo. Por tentativas, por pequenos passos. Ora, isso não acontece sem um abrandamento interno. Precisamente porque a pressa de decidir é enorme, necessitamos de uma lentidão que nos proteja das precipitações mecânicas, do gesto cegamente compulsivo, da palavra repetida e banal. Lembro-me de uma história engraçada contada pela pintora Lourdes de Castro. Quando em certos dias o telefone tocava repetidamente, e os prazos apertavam, e tudo, de repente, pedia uma velocidade maior do que aquela que é sensato imprimir, ela e o marido, Manuel Zimbro, começavam a andar teatralmente em câmara lenta pelo espaço da casa. Divergindo dessa forma com o cerco, riam-se, ganhavam tempo e distanciamento crítico, buscavam outros modos, voltavam a sentir-se próximos, refaziam-se. Cada um terá de encontrar as modalidades mais adequadas da lentidão.

Mesmo se a lentidão perdeu quase todo o estatuto nas nossas sociedades modernas e ocidentais, ela continua a ser um antídoto contra a rasura normalizadora. A lentidão ensaia uma fuga ao quadriculado; ousa transcender sempre que possível o meramente funcional e utilitário; escolhe muitas vezes conviver com a vida silenciosa; anota os pequenos tráficos de sentido, o manuseamento diversificado da luz, as trocas de sabor.

NÓS SOMOS O PAÍS DA ÁGUA, NO ENTANTO...

Vou contar-lhes uma história. Era uma vez o país dos poços. Podemos pensar: um país assim deve ser um lugar bonito, verdejante, um ponto de parada onde as aves vêm saciar-se e realizar as suas danças a céu aberto. O país dos poços deve ser uma terra bem povoada, atraente, cheia de vida. Desenganemo-nos, porém. Esse país tornara-se um devastador deserto. Com o passar do tempo, os poços tinham começado a calar a fonte que havia dentro deles. E, quase sem darem por isso, deixaram de ser poços e se transformaram em armazéns de entulho. As coisas todas que tinham deixado amontoar acabaram por calar a identidade e a beleza dos poços. E como relegaram a água lá para o fundo, em redor começou a crescer o deserto. E com o deserto veio a solidão, o peso de uma vida em que as coisas acabam por se virar contra ela mesma. Mas, um dia, um poço disse não. Esse poço tinha ouvido no mais fundo de si como que o borbulhar de uma música esquecida, que estava nele, mas há tanto tempo silenciada. E começou, então, a despejar o excesso para perseguir o rasto daquilo que o enchia de curiosidade. E, ao prosseguir nessa procura, sentia-se apaixonado. Em muitos anos, aproximava-se finalmente de um tesouro que não se comprava nem se vendia. Era uma realidade que estava nele. Era água. E como ele se tinha esvaziado, a água pôde recomeçar a subir e a espalhar-se. E à volta daquele poço a vida ressurgiu. Então os outros poços começaram a ser tocados pelo exemplo daquele. E como toda a água provinha de uma vigorosa nascente, foi possível reconverter aquele imenso deserto.

Nós somos o país da água viva. Contudo, parecemo-nos mais com desertos. Assemelhamo-nos mais a montes de entulho do que a lugares onde a fonte de eternidade encontra a sua morada e a sua expressão. De repente, sentimos que a vida se esgota no mesmo dia, que tudo acaba naquilo que vemos, que a nossa esperança é só o efêmero, o instante, que como fumo se esvai. Por isso, é fundamental o realismo espiritual que nos diz: não há caminho interior que avance sem a coragem de nos esvaziarmos, de deitarmos fora o que nos pesa e atordoa, para poder acolher o sabor límpido daquela fonte adiada, mas afinal acessível no fundo de nós mesmos.

A SOLIDÃO QUE NOS ENCAMINHA PARA A FONTE

A vida espiritual não é uma teoria ou uma abstração. Não é um momento virtual nem uma projeção imaginada. É apenas isto: experiência, atenção, imersão. Sabemos como existe uma solidão escura e pesada, aquela que nasce quando olhamos para a vida e percebemos que nunca fomos amados. Essa é a solidão terrível, e, no entanto, tão frequente. Mas há uma outra solidão, luminosa, aquela em que dispensamos as palavras, porque estamos diante de uma presença transbordante, viva, circulante. Não é a culpa ou a autoflagelação que nos converte. Transforma-nos, sim, a experiência de amor, de um amor desmedidamente apaixonado, como esse amor que Deus tem pelo homem ou pela mulher que somos. É no confronto com esse amor que mudamos. E por isso a única solidão na qual podemos confiar é a solidão que nos encaminha devagarinho para uma fonte.

Há um capítulo de *O Pequeno Príncipe*, de Saint-Exupéry, a que volto muitas vezes:

> Bom-dia, disse o Pequeno Príncipe.
> – Bom-dia, disse o comerciante.
> Era um comerciante de pílulas para matar a sede. Toma-se uma por semana e não se tem necessidade de beber.
> – Por que vendes isso?, perguntou o Pequeno Príncipe.
> – É uma grande economia de tempo, respondeu o comerciante. – Os peritos fizeram cálculos. Poupam-se cinquenta e três minutos por semana.
> – E que se faz nesses cinquenta e três minutos?
> – Faz-se o que se quiser...
> – Eu, disse o Pequeno Príncipe de si para si, se tivesse cinquenta e três minutos à minha disposição, ia a pé, devagarinho, até alguma fonte...

SENTIR E SABOREAR

Na segunda anotação dos seus *Exercícios espirituais*, Santo Inácio de Loyola explica: "Não é o muito saber que sacia e satisfaz a alma, mas sim sentir e saborear internamente todas as coisas". Estes dois verbos, "sentir" e "saborear", resumem muito da proposta de experiência de Deus que ele nos faz. É numa viagem interior que entramos, mas partindo dos nossos sentidos e das suas operações, dos sentimentos que investimos na vida e dos afetos que desenvolvemos. Só assim a experiência de Deus se pode tornar uma experiência integral, que nos mobiliza efetivamente. O paladar, por ele evocado, é um meio de conhecimento muito especial, pois nos permite tomar consciência das ressonâncias que um objeto ou um acontecimento exterior têm quando transitam para o interior. O paladar não fala senão dessa passagem. Nomeia os nossos registros de incorporação da vida e aquilo que aí privilegiamos: o prazer pelo prazer; o prazer afinado pela temperança; o prazer castrado, omitido. Importante é não ignorar essas ressonâncias, pois desconhecê-las é evitar o encontro consigo mesmo. O paladar é um elemento importante para toda a pedagogia mística.

TEMPO NECESSÁRIO PARA COLHER O SABOR

Em determinado momento percebemos que o mais importante não é saber se a vida é bela ou trágica, se, feitas as contas, ela não passa de uma paixão irrisória ou se a cada instante se revela uma obra sublime. Certamente nos está reservada a possibilidade de tomá-la em cada um desses modos, só distantes e contraditórios na aparência. A mistura de verdade e sofrimento, de pura alegria e cansaço, de amor e solidão que no seu fundo misterioso a vida é, há de aparecer-nos nas suas diversas faces. Se as soubermos acolher, com a força interior que pudermos, essas representarão para nós o privilégio de outros tantos caminhos. Mas o mais importante nem é isso, aprendemos depois. Importante mesmo é saber, com uma daquelas certezas que brotam inegociáveis do fundo da própria alma, se estamos dispostos a amar a vida como esta se apresenta.

Em certo momento compreendemos que falar sobre o ar, como faz o poeta Tonino Guerra, não tem de ser um desvio, mas um chamamento à construção concreta que a vida é, confirmada (ou não) pelo nosso sim: "O ar é esta coisa ligeira/ que te gira em torno à cabeça/ e torna-se mais clara/ quando ris". Ou que, quando Simone Weil repete que "a atenção é uma prece", ela mais não faz do que mobilizar-nos para a aliança com o agora, porque, se não formos prudentes e generosos para manter os olhos maximamente abertos sobre o presente, que ciência poderá o futuro constituir para nós? O viver tem esta simplicidade, que precisamos redescobrir, despojando-nos do muito que nos atravanca, relançando-nos no seu obstinado fluxo. Estamos muitas vezes alienados da vida, separados dela por uma muralha de discursos, de angústias, de confusas esperanças. Precisamos perfurar esse muro até o fim.

É necessário decidir, portanto, entre o amor ilusório à vida, que nos faz adiá-la perenemente, e o amor real, mesmo que ferido, com que a assumimos. Entre amar a vida hipoteticamente pelo que dela se espera ou amá-la incondicionalmente pelo que ela é, muitas vezes em completa impotência, em pura perda, em irresolúvel carência. Condicionar o júbilo pela vida a uma felicidade sonhada é já renunciar a ele, porque a vida é decepcionante (não temamos a palavra). Com aquela profunda lucidez espiritual que por vezes só os homens frívolos atingem, Bernard Shaw dizia que na existência há duas catástrofes: a primeira, quando não vemos os nossos desejos realizarem-se de forma alguma; a segunda, quando se realizam completamente. Há um trabalho a fazer para passar do apego narcisista a uma idealização da vida, à hospitalidade da vida como ela nos assoma, sem mentira e sem ilusão, o que requer de nós um amor muito mais rico e difícil. Esse que é, em grande medida, um trabalho de luto, um caminho de depuração, sem renunciar à complexidade da própria existência, mas aceitando que não se pode demonstrá-la inteiramente. A vida é o que permanece, apesar de tudo: a vida embaciada, minúscula, imprecisa e preciosa como nenhuma outra coisa. A sabedoria é a vida mesma: o real do viver, a existência não como trégua, mas como pacto, conhecido e aceito na sua fascinante e dolorosa totalidade.

E quando é que chega a hora da felicidade?, perguntamo-nos. Chega nesses momentos de graça em que não esperamos nada. Como ensina o magnífico dito de Angelus Silesius, o místico alemão do século XVII: "A rosa é sem porquê, floresce por florescer/ Não se preocupa consigo, não pretende nada ser vista".

"O ÚNICO SABOR"

Um dos poemas mais belos, e poderia perfeitamente dizer uma das preces mais extraordinárias que conheço sobre o sabor, é esta composição de Antônio Ramos Rosa, publicada pela primeira vez numa antologia de 1960. O poema tem uma história literária interessante, pois o volume onde comparece, intitulado *Voz inicial*, representa uma nova etapa na poesia do autor, até aí centrada sobretudo na denúncia dos constrangimentos sociopolíticos e do seu impacto na consciência individual. "O único sabor" documenta, por isso, uma mudança. Não é que a problemática social se ausente, mas passará a surgir integrada numa interrogação mais total pelo sentido histórico e espiritual da aventura humana. Para isso, o sentido do paladar, em torno do qual esse texto poético se constrói, é de fato emblemático, pois ele mesmo nos coloca numa zona de contato entre o "isto" e o "agora" e o que está aquém e além deles, aquém e além de nós. Aqui está a parte final do magnífico poema:

> [...]
> *ó sabor do escuro, do ventre, da espessura da noite,*
> *ó profundo sono de raízes,*
> *ó água bebida ao rés da terra, ó sono da vida,*
> *ó som de bichos, de tudo e nada, num só obscuro silêncio,*
> *ó terra junto a mim, ó grande e estranha terra,*
> *ó perdida proximidade, ó perdida longinquidade,*
> *ó enorme som de búzio do mar,*
> *ó tranquilos jardins, ó sabor de cansaço,*

ó sabor antes de mim,
ó quando eu não sabia e tudo em mim sabia,
ó noite, ó espessura, ó outra vez a noite,
outra vez esse sabor submerso, esse sabor do fundo,
esse sabor bem longe, esse sabor total,
esse sabor onde eu sinto a terra num só gosto,
esse sabor original, fonte de todo o sabor,
surto submerso,
ó único sabor.

Colher o perfume do instante

A LINGUAGEM INVISÍVEL DO OLFATO

O olfato mergulha-nos numa linguagem invisível. Ele não ocupa espaço, mas impregna a realidade; está escondido e revela-se; não tem uma forma definida e, contudo, rapidamente se propaga. O olfato assinala-nos características dos ambientes e dos trânsitos humanos ao nosso redor, nas diferentes horas do dia e nas diferentes idades da vida. E o faz de um modo direto e imediato. O olfato é um fantástico centro de interpretação da vida. Cada instante tem o seu odor. Cada estação. Cada pessoa. O odor imprime tonalidades afetivas a um instante que queremos distinguir de outro. O odor é volátil, só conseguimos falar dele por metáforas, mas, na verdade, nada tem de abstrato. A sua volatilidade destina-se a materializar-se. Quando alguém derrama sobre sua pele umas gotas de perfume, o mesmo perfume, fabricado pela indústria em quantidades colossais, passa a ser apenas seu. Torna-se a sua exalação. O corpo torna todos os perfumes sem repetição, pois os absorve e reproduz de uma forma que é só sua. O odor fica sendo, assim, uma espécie de mapa, uma fonte íntima de conhecimento.

O MEU ODOR CONTA A MINHA HISTÓRIA

No odor podemos ver uma espécie de narrativa, e de narrativa autobiográfica. O meu odor me conta. Os cheiros falam de mim. Os odores que fluem na minha memória são o meu patrimônio afetivo, a minha história. O odor, sobretudo o odor primeiro, o que representa uma exalação da própria presença, não mente. É próprio do odor não ter fronteiras nem limites no que ao espaço respeita. Indo além de nós, ele nos permite igualmente derramarmo-nos, abrirmo-nos, diluirmo-nos numa ubiquidade que, de outra maneira, nos seria vedada. E precisamos disso. Lembro-me de ter escutado, há muitos anos, esta pergunta: "Um perfume serve para nos escondermos ou para nos revelarmos?".

PELO PERFUME CHEGA-SE AO ÂMAGO DE UMA VIDA

Encontramos na literatura grega sobre os banquetes a referência ao perfume como um dos elementos essenciais. E, como seria de esperar, o perfume não é simplesmente um perfume. Ele pode ter um caráter consolador, como nos deixa supor um verso de Alceu ("Sobre esta cabeça que sofreu tanto/ derrama perfume"); um uso convivial associado ao comer e ao beber, como atesta Plutarco; uma via terapêutica para atenuar o desgosto e o luto (num dos passos da *Odisseia*, por exemplo, a despenseira Eurínoma exorta Penélope a se perfumar para que se recobre da dor da ausência de Ulisses); ou pode até ilustrar, simbolicamente, o ideal de vida de um homem, revelando-o, assim, moralmente. No *Banquete*, de Xenofonte, por exemplo, quando Lícon interroga Sócrates sobre qual deve ser o perfume de um homem, Sócrates não hesita: "O da virtude". O perfume, desse modo, ganha uma densidade existencial e moral: pelo perfume chega-se ao âmago da vida.

O ODOR É A PRIMEIRA ORAÇÃO

Podemos dizer que a Bíblia se lê também com o olfato e não apenas com a visão. Ela vem escrita tanto por palavras como por odores. Por vezes, aquilo que a linguagem verbal não diz é dito pelo odor. Isso acontece frequentemente no texto bíblico. Quando nenhuma palavra humana expressa o que se sente, o perfume insinua-se como uma manifestação de louvor ou como um grito.

> Também construirás um altar para queimar perfumes, e fá-lo-ás de madeira de acácia. Terá um côvado de comprimento e um côvado de largura... Revestirás de ouro puro a parte superior do altar, todos os lados e as hastes. E terá em volta uma guarnição de ouro... com duas argolas de ouro.

É a missão dada por Deus a Moisés no livro do Êxodo (Ex 30,1-3). E depois acrescenta: "Nesse lugar encontrar-me-ei contigo" (Ex 30,6). É nesse altar que Aarão queimará perfumes todas as manhãs, quando apagar as lâmpadas, e queimá-los-á também ao entardecer, quando as acender. Haverá assim, perpetuamente, de geração em geração, perfumes ardendo na presença do Senhor, como expressão da sua aliança.

Ao longo de todo o livro do Êxodo, sempre que se fala de sacrifícios, fala-se de odor. A carne queimada ou os cereais torrados não têm importância no simples aspecto da sua materialidade: o que os torna, do ponto de vista simbólico, significativos é a fumigação que deles se expande, em ascensão. O que é que sobe deles até os céus? Sobe o odor, o calor, a sua expressão invisível, que se propaga como um desejo de relação com a divindade. No fundo, a oração, em concreto, que o povo dedica ao Senhor, pela oferta dos seus animais e dos bens agrícolas mais perfeitos, é aquela nuvem odorosa que enche a terra e sobe ao coração de Deus. O odor é a primeira oração. Pela combustão os animais imolados ou os cereais queimados passam a ser apenas o seu cheiro, prece invisível que ascende ao seu destinatário invisível. É essa a oferta.

PARA DEUS SOMOS UM ODOR

Em alguns textos proféticos encontramos uma variação importante. No livro do profeta Ezequiel, falando do povo que há de regressar do exílio, Deus diz o seguinte: "Eu hei de receber-vos". "Receber-vos-ei como um perfume de agradável odor quando vos fizer sair de entre os povos e vos reunir de todas as nações, para onde fostes dispersos" (Ez 20,41). Aqui, claramente, o agradável odor não é só o das carnes imoladas em sacrifício ou dos cereais dedicados ao Senhor; mas o agradável odor é o do próprio povo. Trata-se de uma mudança importante que a literatura profética ajudar-nos-á a ver. A Deus não basta o odor dos nossos rebanhos ou o odor do orvalho sobre os nossos campos. Odor agradável a Deus é o cheiro do seu próprio povo, esse marcador de presença, essa biografia que se escreve intensamente sem uma única palavra.

Mais tarde, no Novo Testamento, vamos encontrar isso, dito precisamente por Paulo, mas com uma veemência e uma ampliação semântica que dão muito o que pensar. O apóstolo, na Segunda Carta aos Coríntios, escreve: "Nós somos para Deus o bom odor de Cristo" (2Cor 2,15). Tal como em Ezequiel, Paulo faz do odor a metáfora da vida. Nós somos odor, o odor é a nossa vida, é o dom que Deus aceita. Mas diz aquilo que o profeta não podia adivinhar, porque, se "somos para Deus o bom odor de Cristo", quer dizer que é Cristo em nós que permite a oferta, que garante a oferta, que configura a nossa vida como dom. O que nos deve entrar pelas narinas é esta boa-nova: somos de Cristo. De maneira que até mais importante que os nossos odores – os odores que transportamos na nossa memória, os odores do nosso presente (sempre uma mistura de experiência inebriante e de conflito e repulsa) – é Cristo. É por Cristo, com Cristo e "em Cristo" (essa fórmula tão amada pela teologia de Paulo) que somos aquele odor agradável que sobe até Deus. "Graças sejam dadas a Deus, que, em Cristo, nos conduz sempre em seu triunfo e, por nosso intermédio, difunde em toda a parte o perfume do seu conhecimento" (2Cor 2,14).

PARA LER COM O NARIZ

O Cântico dos Cânticos é uma antologia de perfumes, uma montanha de aromas. Lê-se literalmente com o nariz. Quem pode dizer que leu e compreendeu o Cântico dos Cânticos, esse texto absolutamente central para a tradição mística judaica e cristã, sem ter posto o nariz no mosto e nas romãs; nas mandrágoras perfumadas, nos figos e na pele das maçãs; nos canteiros de bálsamo e de lírios que gotejam; no incenso, na mirra, no aloés, no nardo, no açafrão, no cálamo ou na canela? Ler não é apenas cartografar com os olhos. Há uma memória olfativa indispensável para sentir até que ponto é inebriante a aventura que este texto sagrado propõe. E se há livro que tem padecido de uma leitura abstratizante, infelizmente tem sido a Bíblia.

Ambos os protagonistas se identificam um ao outro pelo perfume, o que mostra a profundidade do conhecimento que trocam entre si. A amada diz do amado: "Ao olfato são agradáveis os teus perfumes; a tua fama é odor que se derrama, por isso as raparigas te amam" (Ct 1,3). Ou ainda: "O meu amado é para mim um ramalhete de mirra" (Ct 1,13). E o coro diz: "Quem é esta que sobe do deserto, como colunas de fogo, perfumada de mirra, de incenso e de toda sorte de essências aromáticas?" (Ct 3,6).

Para expressar a qualidade do que partilham, nada lhes parece melhor do que o sugestivo catálogo de odores que continuamente desfolham: "Como são doces as tuas carícias, minha irmã, minha noiva. Mais forte que todos os odores é a fragrância dos teus perfumes" (Ct 4,10); "o meu amado desceu ao seu jardim, aos canteiros de bálsamo" (Ct 6,2). A natureza odorífera da linguagem dos amantes documenta bem a radical abertura dos sentidos que a experiência do amor desencadeia. Porque, diga-se também, o Cântico dos Cânticos não é apenas um dicionário olfativo: ele é uma poderosa gramática visual, um laboratório vivo da escuta, um livro dos sabores, um mapa do deslumbrante e sofrido caminho que uma carícia percorre.

É impressionante ver também como a experiência de amor daqueles dois contamina o mundo ao seu redor. Às vezes o amor é vivido como uma indiferença radical ao que o rodeia, como uma cápsula de felicidade. Não assim este amor. O seu amor os faz descobrir a espantosa beleza do mundo:

> Levanta-te! Anda, vem daí, ó minha bela! Eis que o inverno já passou, a chuva parou e foi-se embora; despontam as flores na terra, chegou o tempo das canções, e a voz da rola já se ouve na nossa terra; a figueira faz brotar os seus figos e as vinhas floridas exalam perfume. Levanta-te! Anda, vem daí. (Ct 2,10-13)

Lendo, melhor dizendo, cheirando este livro, descobrimo-nos colocados perante o absoluto do amor, que nos pede uma atenção e uma espera, como se vivêssemos num estado de alerta contínuo. O amor é mais uma exposição do que uma posse; é mais uma súplica do que um dado; é mais uma sede do que uma barragem; é mais uma conversa de mendigos do que um diálogo de triunfadores. E sobre isso podemos aprender alguma coisa com o olfato.

A CONSOLAÇÃO DO PERFUME

O perfume é uma expressão de consolação, onde a vida se celebra. É uma outra forma de júbilo. É um louvor sem palavras, uma melodia intensíssima que ouvimos na transparência, sem recorrer à audição. Sim, o perfume é essa música ao mesmo tempo calada e extraordinariamente vibrante. A Bíblia oferece-nos inesquecíveis exemplos. Um deles surge-nos sob a forma de bênção de um pai para o filho:

> Então seu pai Isaac disse-lhe: "Aproxima-te, meu filho, e dá-me um beijo". Jacó aproximou-se e beijou o pai. Quando sentiu o cheiro das suas roupas, Isaac abençoou-o, dizendo: "Ah, o cheiro de meu filho é como o cheiro de um campo que o Senhor abençoou". (Gn 27,26-27)

Outro exemplo, igualmente impressivo, é o elogio da comunhão fraterna que comparece na antologia dos salmos: "Vede como é bom e agradável/ que os irmãos vivam unidos!/ É como óleo perfumado derramado sobre a cabeça,/ a escorrer pela barba, a barba de Aarão,/ a escorrer até a orla das suas vestes" (Sl 133,1-2). A imagem acompanha o grácil movimento do perfume, primeiro espargido sobre a cabeça, e que depois escorre pela barba até a última extremidade do vestido. Da cabeça aos pés! O óleo perfumado assinala, assim, que a comunhão dos irmãos torna o corpo inteiro e a vida inteira absolutamente preciosos.

Um último caso, de entre outros que poderiam ser escolhidos, é o do livro dos Provérbios, que canta o bom odor da amizade: "O perfume e o incenso alegram o coração,/ os conselhos de um amigo deleitam a alma" (Pr 27,9). A amizade dos nossos amigos perfuma o nosso caminho nessa busca acompanhada da verdade, da beleza e do bem.

PERFUME E HOSPITALIDADE

Em consonância com aquilo que se passa em todo o mundo oriental, o perfume registra, como vemos, uma prolífica presença nas tradições bíblicas. Os perfumes têm a utilização sagrada já referida, mas também um uso profano e social. O emprego de perfumes constitui um dos ritos essenciais da cordialidade, traduzindo a alegria do encontro comum.

Os perfumes são um sinal importante da alegria de viver: "óleo e perfume alegram o coração" (Pr 27,9). São um indicador pessoal: "mirra e aloés perfumam as tuas vestes" (Sl 45,9), mas também um toque coletivo de classe, "ungem-se com o melhor dos óleos" (Am 6,6). O emprego de perfumes integra também as regras do convívio nos banquetes e de acolhimento na hospitalidade. Quando se convida um hóspede, começa-se por perfumar sua cabeça; e considera-se falta grave de delicadeza omitir a apresentação de uma ampola de óleo perfumado ao hóspede. Em Gn 18,4, Abraão oferece-se, ele mesmo, para cumprir os ritos de hospitalidade ao seu convidado, começando pela lavagem dos pés.

O DESPERDÍCIO NECESSÁRIO

É curioso verificar que, nos Evangelhos, os perfumes desempenham um papel-chave na revelação de Jesus. A descoberta da fé cristã é, se quisermos, também olfativa. No relato de São Marcos, por exemplo, deparamo-nos com esta passagem:

> Jesus encontrava-se em Betânia na casa de Simão, o leproso. Estando à mesa, chegou uma mulher, que trazia um frasco de alabastro com perfume de nardo puro de alto preço. Partiu o frasco e derramou o perfume sobre a cabeça de Jesus. (Mc 14,3)

O que é que essa mulher fez? O que pretendia revelar? Talvez a mulher arrisque dizer num gesto palavras que não encontravam ainda o tempo e o lugar para serem ditas, mas o nardo riquíssimo por ela derramado sobre a cabeça daquele pregador itinerante vale por mil palavras. As linguagens da fé são necessariamente plurais, e esquecemo-nos demasiadas vezes disso. Mas é essa pluralidade que está aqui colocada em cena. O olfato é uma espécie de escuta. Só que, enquanto a escuta está tradicionalmente ligada ao acolhimento do discurso verbal, o olfato escuta a linguagem silenciosa, a fé que se expressa intensamente sem sequer precisar nomear-se. Não há dúvida que aquela mulher jogou uma cartada muito alta com seu gesto, e que ele tem uma espessura de sentido que não passa despercebida aos circunstantes. Não se perfuma um desconhecido por mero acaso nem se derrama um unguento de alto preço assim por nada. Há, portanto, uma intenção que o inesquecível odor do nardo perfuma.

Que se trata de uma intenção arriscada mostra-o a continuação da história:

> Alguns, indignados, disseram entre si: "Para que este desperdício? Podia ser vendido por mais de trezentos denários e dado a comer aos pobres". E censuravam-na. Jesus, porém, disse: "Deixai-a, por que a estais atormentando? Praticou em mim uma boa ação". (Mc 14,4-6)

"Praticou em mim uma boa ação": este comentário de Jesus deve sensibilizar-nos para a bondade daquilo que de outro ponto de vista parece unicamente um desperdício. A verdade é que não precisamos apenas de pão, precisamos também de rosas. Em certas ocasiões o esbanjamento não é uma excentricidade desviante, mas é a expressão que melhor espelha o essencial. O mais comum é, de fato, reduzirmos a vida espiritual ao que é necessário, ao que temos de fazer, à norma moral, às obrigações... Não raro, redunda numa secura. Está tudo correto, ninguém nos pode acusar de nada, mas acusa-nos o coração: há pouco amor, pouca gratuidade, pouca generosidade, pouco exceder-se... E, por mais que tentemos mascarar, a realidade é esta: onde não há excesso de amor não há amor. Amar é não ter horários, não ter dias, não ter rotinas e medidas. Como Santo Agostinho recorda, "a medida do amor é não ter medida". Não há amor sem experiência da pura graça. Podemos achar que um perfume é uma extravagância, pois vivemos muito bem com água e sabão. Mas, então, por que é que Jesus disse "praticou em mim uma boa ação"?

O passo seguinte também faz pensar. Jesus profere esta explicação:

> Pobres sempre tereis entre vós, e podereis fazer-lhes bem quando quiseres, mas a mim nem sempre me tereis. Ela fez o que estava ao seu alcance, ungiu antecipadamente o meu corpo para a sepultura. Em verdade vos digo, em qualquer parte do mundo onde seja proclamado o Evangelho há de contar-se também, em sua memória, o que ela fez. (Mc 14,7-9)

Saberia a mulher que o perfume derramado era um sinal messiânico? Teria consciência da rebeldia que significava espargir o perfume na cabeça (uma investidura sobre o que é eleito para deter um poder) em vez dos pés (gesto muito mais comum, ligado à prática cotidiana da hospitalidade)? Pretendia com o seu gesto antecipar o mistério da morte e ressurreição de Jesus? Talvez não soubesse, não soubesse tudo ou não soubesse tudo assim. Para ela, era um sinal de amor, de cuidado, de alegria. Por isso aquela mulher anônima vai mais longe, e vai na frente dos outros, porque expande a fragrância da identidade de Jesus. A vida vivida no amor há de parecer-nos, a nós e aos outros, inúmeras vezes, um desperdício. Ela, porém, configura-se como esse precioso perfume derramado.

A CASA SE ENCHEU COM A FRAGRÂNCIA DO PERFUME

Precisamos redescobrir Maria de Betânia, essa figura crente que testemunha uma fé tão intensamente pessoal e odorosa no Evangelho de João. Maria vive uma relação com Jesus fundada na amizade e na linguagem múltipla dos afetos, muito mais próxima de uma poética do que de uma norma. É certamente um modelo sugestivo de fé que nos obriga a rever o nosso, por vezes tão estranhamente inodoro. Um dado curioso é que Maria aparece sempre ligada ao campo simbólico do olfato. O evangelista começa por apresentá-la assim: "Maria, cujo irmão, Lázaro, tinha caído doente, era aquela que tinha ungido os pés do Senhor com perfume e os enxugara com seus cabelos" (Jo 11,2). É um primeiro sinal que mostra como a relação dela não fica por uma expressão mental, mas se corporiza em gestos ao mesmo tempo cotidianos e de grande espessura emocional.

A situação descrita no capítulo 11 não podia ser mais dramática. Tendo caído doente, seu irmão Lázaro acabou morrendo. Ela e a irmã, Marta, haviam mandado prevenir Jesus: "Senhor, aquele que amas está doente" (Jo 11,3). Mas Jesus se demorou e quando chegou em Betânia o irremediável já havia ocorrido. Por isso, quando ele mandar levantar a tampa do sepulcro, ouvirá: "Senhor, já cheira mal, já é o quarto dia" (Jo 11,39). Ao ouvirem dizer que Jesus entrava na cidade, as irmãs saem ao seu encontro, mas numa sequência temporal espaçada, que permite um diálogo individualizado. E é espantoso percebermos, por esse apontamento, a diferença de cada uma delas. A conversa com Marta é muito impressiva do ponto de vista teológico e de adesão à pessoa de Jesus. A confiança que Marta deposita faz estremecer. Ouçamo-la:

> Marta disse, então, a Jesus: "Senhor, se tu cá estivesses, o meu irmão não teria morrido. Mas, ainda agora eu sei que tudo o que pedires a Deus ele o concederá a ti". Disse-lhe Jesus: "Teu irmão ressuscitará". Marta respondeu-lhe: "Eu sei que ele há de ressuscitar na ressurreição do último dia". Disse-

-lhe Jesus: "Eu sou a Ressurreição e a Vida. Quem crê em mim, mesmo que tenha morrido, viverá. E todo aquele que vive e crê em mim não morrerá para sempre. Crês nisto?". Ela respondeu-lhe: "Sim, ó Senhor, eu creio que tu és o Cristo, o Filho de Deus que há de vir ao mundo". (Jo 11,21-27)

O diálogo com Maria é também isso mesmo, mas é completamente diferente. Não é um debate sobre a fé. É um encontro, uma exposição nua dos seus sentimentos, a consolação trazida por um abraço, um silêncio, um compartilhar de lágrimas. Vejamos o texto:

> Jesus ainda não tinha entrado na aldeia, mas permanecia no lugar onde Marta lhe viera ao encontro. Então os judeus que estavam com Maria em casa, para lhe darem os pêsames, ao verem-na levantar-se e sair apressadamente, seguiram-na, pensando que se dirigia ao túmulo para lá chorar. Quando Maria chegou ao lugar onde estava Jesus, mal o viu caiu-lhe aos pés e disse-lhe: "Senhor, se tu estivesses aqui, o meu irmão não teria morrido". Ao vê-la chorando e os judeus que a acompanhavam chorando também, Jesus suspirou profundamente e comoveu-se. Depois, perguntou: "Onde o pusestes?". Responderam-lhe: "Senhor, vem e verás". Então Jesus começou a chorar. (Jo 11,30-35)

O desfecho da história já sabemos: Jesus ressuscita Lázaro. Mas o que nos acontece é não ligarmos isso à cena seguinte daquela amizade (e na amizade há sempre uma cena seguinte). Os amigos não se unem apenas no luto, mas festejam juntos a alegria das provações vencidas. Lázaro, Marta e Maria convidam Jesus para uma refeição (cf. Jo 12,2). Podemos imaginar o contentamento e a gratidão, o dizível e o indizível que os atravessa. Ora, quando as palavras e a razão não conseguem dizer, os sentidos e os símbolos dizem melhor. Em vez de mandarem uma serva lavar os pés do hóspede, é Maria que se ocupa disso. E o brevíssimo retrato de cena, que o evangelista faz, mostra que cada um exprime a fé de uma forma única e sua. Vejamos: "Marta servia e Lázaro era um dos que estavam com ele à mesa. Então Maria ungiu os pés de Jesus com uma libra de perfume de nardo puro, de alto preço, e enxugou-os com seus cabelos" (Jo 12,2-3). Não se trata de escolher uma linguagem em detrimento de outra. Trata-se, sim, de chamar a atenção para dimensões da expressividade crente em que não pensamos. Lázaro está sentado à mesa, acompanhando Jesus, talvez na conversa. Marta está rematando os últimos preparativos do que chegará à mesa. E Maria perfuma os pés de Jesus. Os gestos de Maria, que observamos aqui mais de perto, tornam o ordinário (o ato de lavar os pés empoeirados do hóspede) em extraordinário. O mais cotidiano dos sinais enobrece-se pela gratuidade do dom, pelo excesso de amor mais precioso que o nardo mais precioso. Há uma necessidade que já não é da ordem da sobrevivência, mas que está do lado da vida plena, da vida que se expande. Bendito desperdício onde transparece um coração agradecido. Por isso não estranhamos essa anotação maravilhosa que o evangelista nos dá: "A casa se encheu com a fragrância do perfume" (Jo 12,3). Podemos nos perguntar se essa informação é mesmo necessária ao relato. Mas quem responder que não é porque não percebeu nada.

O PERFUME DA FÉ

Hoje sabemos que o Evangelho de João não teria sido um primeiro anúncio de Jesus, mas endereçava-se a uma comunidade com um caminho percorrido. O Evangelho é escrito mais como reencontro, possibilidade de conversão e aprofundamento. Por isso não conta unicamente o despertar de uma relação, mas dedica atenção ao fio do prosseguimento. Nicodemos, por exemplo, é referido por três vezes. No primeiro diálogo que tem com Jesus, um diálogo noturno, Nicodemos anda às apalpadelas, de desconcerto em desconcerto. "Como pode um homem nascer, sendo velho?" (Jo 3,4); "como pode ser isso [nascer do alto]?" (v. 9). Embora ele tenha curiosidade e interesse naquela conversa, tem também muito medo. Procurou Jesus de forma discreta, para não ser visto na companhia dele. O que ouviu deixou-o abismado, mas, no final desse encontro, não sabemos em que ponto as coisas ficaram dentro dele. Se tivéssemos apenas a narrativa desse instante inicial, ficaríamos sem saber se Nicodemos acreditou ou não. Mas surgem-nos mais duas passagens, que falam por si. Na metade do Evangelho de João, Nicodemos toma a palavra para defender Jesus, à vista de todos, no meio do sinédrio, lembrando: "Porventura permite a nossa lei julgar um homem sem antes o ouvir e sem averiguar o que ele anda fazendo?" (Jo 7,51). E depois, no final do Evangelho, já sem quaisquer hesitações, Nicodemos aparece-nos de novo, juntamente com José de Arimateia, ungindo o corpo de Jesus: "Nicodemos, aquele que antes tinha ido ter com Jesus de noite, apareceu também trazendo uma mistura de perto de cem libras de mirra e aloés" (Jo 19,39). É claro que os judeus tinham a tradição de perfumar os mortos, mas em quantidade suficiente, não com aquele esbanjamento de dinheiro. Esse apego ao corpo de Jesus, esse cuidado, esse excesso são a sua oração. O perfume da sua própria fé.

O NARIZ NA BÍBLIA

O nariz na Bíblia é também a sede da irascibilidade, dos furores e da indignação. A esse propósito vêm utilizadas metáforas de natureza de fogo, que expressam bem a contundência passional em jogo: a ira arde no nariz, é um fogo que devora as narinas, que queima. Por exemplo, pode ler-se literalmente em Jz 3,8: "O nariz [a ira] do Senhor acendeu-se contra Israel" pecador. Em Portugal há um provérbio curioso, que, de alguma maneira, se liga com este campo semântico. Quando queremos falar da iminência de uma grande irritação, dizemos: "Chegar a mostarda ao nariz".

PERFUME E ESPAÇO SAGRADO

A Bíblia refere sete espécies diferentes de incenso, o que diz bem da abundante atenção que dedica ao tema. No livro do Êxodo é o próprio Deus que ensina Moisés a preparar o óleo sagrado a partir de perfumes escolhidos:

> Toma dos melhores aromas: mirra virgem, quinhentos siclos; cinamomo, metade do anterior – duzentos e cinquenta siclos; junco odorífero, duzentos e cinquenta siclos; cássia, quinhentos siclos, segundo o peso do siclo do santuário; e um *hin* de azeite de oliveira. Farás com isto um óleo para a unção sagrada e um perfume composto, de harmonia com a arte de perfumista. Será este o óleo para a unção sagrada. (Ex 30,22-25)

A utilização de substâncias aromáticas no culto sagrado foi sempre conhecida, e constituiu ponto de partida para analogias de grande intensidade teológica. Por exemplo, quando se compara a própria oração à nuvem de incenso que ascende aos céus: "Suba junto de ti a minha oração como incenso", como pede o que ora no salmo (Sl 141,2). No Novo Testamento, na Carta aos Efésios, o apóstolo Paulo dá um passo além do uso da metáfora do perfume escrevendo: "Cristo amou-nos e entregou-se a Deus por nós como oferta e sacrifício de agradável odor" (Ef 5,2). Na experiência que possamos ter da frequência do espaço sagrado, temos certamente de confrontar-nos com a percepção olfativa do mistério que ele sugere. Há, sobre isso, um testemunho interessante nos *Ensaios* de Montaigne:

> Verifiquei com frequência – conta ele – que [os odores] atuam sobre mim, segundo sua natureza, e impressionam meu espírito de diversas maneiras; o que me induz a considerar exato o que dizem a respeito do incenso e dos perfumes usados nas igrejas, a saber, que esse costume tão antigo, e tão difundido nas diferentes nações e religiões, tem por objetivo deliciar, acordar e purificar os nossos sentidos, a fim de melhor nos predispor à contemplação. (I, LV)

A DESQUALIFICAÇÃO DO OLFATO

Num ensaio sobre a antropologia do olfato, David Le Breton escreve que as sociedades ocidentais deixaram de valorizar os odores. E dá dois exemplos: na época de Albrecht Dürer, existiam na língua alemã mais de 158 palavras para designar a experiência do olfato e os diferentes odores. Dessas, apenas 32 subsistem hoje, e frequentemente como formas dialetais muito localizadas. Pelo contrário, no mundo árabe-muçulmano, que mantém mais viva a sabedoria dos odores, há cerca de 250 termos a ela relativos. E os odores fornecem metáforas para todos os domínios da vida, desde as imagens mais triviais às mais sofisticadas. Para lá, claro, de encherem habitualmente as casas e transbordarem agilmente pelas ruas.

Edward Hall, autor muito atento do impacto da comunicação não verbal, e que estudou largamente o fenómeno da desqualificação do olfato na sociedade americana, opina o seguinte:

> No uso do seu aparelho olfativo, os americanos são culturalmente subdesenvolvidos. O recurso intensivo aos desodorizantes nos lugares públicos ou privados faz dos Estados Unidos da América um país olfativamente neutro e uniforme... Isto contribui para a monotonia dos espaços e priva a nossa vida cotidiana de uma fonte apreciável de riqueza e variedade.

O CONTROLE SOCIAL DOS ODORES

Freud associa o recuo cultural dos odores ao progresso civilizacional das nossas sociedades. E diz que o olfato perdeu importância em favor da visão. O odor está demasiado próximo dos estágios primitivos, expõe excessivamente a individualidade, lembra que há uma corporeidade que não passa despercebida, como seria conveniente.

Vive-se atualmente uma insegurança em relação às emanações do próprio corpo. A narrativa publicitária agudiza essa incerteza em nome da necessidade de vender desodorizantes e perfumes. Esforçamo-nos por esconder os odores naturais e levamos a cabo verdadeiras operações de recomposição das paisagens olfativas onde nos movemos. Cresce todo um comércio ligado ao olfato ambiental, com aromas para as várias divisões da casa e para o automóvel, pauzinhos de incenso, líquidos que imitam o odor do pinheiro ou da lavanda, mesmo se os nossos estilos de vida nos distanciam cada vez mais da natureza. O nosso olfato capturado pelas diretivas do comércio torna-se mais controlado, mas também mais artificial. Por vezes, o que falta nas casas não é um neutralizador de odores, mas que se abram frequentemente as janelas.

O ODOR E A MEMÓRIA

"O olfato é uma vista estranha. Evoca paisagens sentimentais por um desenhar súbito do subconsciente. Tenho sentido isto muitas vezes", confessa Fernando Pessoa no *Livro do desassossego*. Um odor é, de fato, suficiente para desfolhar as páginas de uma história íntima. Ele mobiliza a nossa subjetividade e a nossa memória. Tem uma longuíssima duração. Por vezes, tocados pela sugestão de um odor, os olhos alargam-se num perfeito sorriso ou alagam-se numa brusca emotividade. Os odores permitem-nos, assim, viajar no tempo e dentro de nós. São um instrumento interno de rememoração. A nossa memória é uma paleta de odores. O romancista Marcel Proust, que ensina tanto acerca dos sentidos, escreve:

> Quando nada subsiste de um passado antigo, após a morte dos seres, após a destruição das coisas, apenas o cheiro e o sabor, mais frágeis, mas mais vivazes, mais imateriais, mais persistentes, mais fiéis, permanecem ainda por muito tempo, como almas, a fazer-se lembrados, à espera sobre a ruína de todo o resto, a carregar sem vacilações sobre a sua gotinha quase impalpável o edifício imenso da memória.

O AROMA DO CAFÉ

A dificuldade de narrar um odor (é impossível fazê-lo com precisão, apenas recorrendo a metáforas e comparações lá chegamos) está bem expressa no diálogo perfumado de ironia das *Investigações filosóficas* de Wittgenstein:

Descreve o aroma do café! – Não se consegue por quê? – Faltam-nos as palavras? – E faltam-nos palavras exatamente para quê? Mas de onde vem a ideia de que uma descrição assim deva ser possível? – Nunca sentiste a falta de uma definição do gênero? – Procuraste já descrever o aroma do café sem conseguir?

O ODOR NOS PROTEGE

Quantas vezes é o odor que nos protege. É pelo olfato que percebemos que alguma coisa ficou esquecida no forno ou que alguma anormalidade se instalou num determinado ambiente. O cheiro azedo ou o fedor que os alimentos em putrefação exalam também nos previnem. Os pais cuidam do seu bebê, quando este ainda não fala, guiados também pelo olfato. Os vapores, os odores do mundo vegetal ou de algumas substâncias estão ligados a práticas terapêuticas correntes de inúmeras sociedades. Fumegantes ou aspergidos, os vapores purificam os espaços, combatem doenças, restauram defesas do organismo.

UMA ANTIUTOPIA

No seu *Léxico para o futuro. Dicionário do século XXI*, Jacques Atali escreve que o nômade urbano nem se apercebe do declínio das suas capacidades olfativas porque simplesmente não as ativa. Mas o "Big Brother" futuro há de investir aí a sua ânsia de controle, pois compreende o extraordinário mundo de possibilidades que o olfato esconde. Então Atali constrói uma espécie de antiutopia: no dia em que o olfato puder ser traduzido numa informação numérica, fica aberta a porta para todas as manipulações. Os odores tornar-se-ão um instrumento de propaganda e de submissão. Quando os nossos clones forem capazes de exalar odores, o virtual confundir-se-á completamente com o real. E o autor conclui assim: "Esse dia chegará".

PEQUENAS EPIFANIAS

Se calhar, a construção cotidiana de um itinerário crente passa mais por aqui do que por outras coisas: acender uma luz, tornar diferente um encontro, associar a oração a um passeio sem tempo, deter-se de repente para aspirar o perfume do instante. São pequenas epifanias da graça, mas que traduzem intensamente a vida. As espiritualidades precisam de janelas abertas, pois rapidamente tendem a desenvolver-se num casulo, longe da aragem livre do Espírito. Precisam de lufadas de deslumbramento que nos digam: "Agradeça a dança luminosa do mundo a seu redor"; "da matéria inacabada do tempo faça uma promessa"; "quando você dá a vida é que ela se torna sua"; "não desista da luz".

A preocupação pelo perfume pode parecer um bocado lúdica e frívola. Mas lembro-me do que escreveu Chesterton na sua *Ortodoxia*: "A seriedade não é uma virtude". E continua: "É muito mais fácil escrever um bom artigo de fundo para o [jornal] *Times* do que escrever uma boa piada para a [revista satírica] *Punch*. Pois a gravidade flui dos homens naturalmente, enquanto o riso é um salto. É fácil ser pesado, é difícil ser leve". Também aqui o humor abre espaço para a sabedoria.

SÓ A PACIÊNCIA NOS LEVA AO ODOR DO INSTANTE

De repente, damo-nos lidando mal com o inacabado e o "em bruto" da vida, com a gestação e os seus tempos assimétricos, com os avanços e os recuos necessários à aprendizagem. Tratamos a vida com a mesma ansiedade que se abate sobre nós nos cinzentos corredores de espera, nas filas administrativas, nos engarrafamentos do trânsito. Tornamo-nos viciados em assuntos rapidamente fechados, incapazes de seguir o aberto que o odor da vida insistentemente propõe.

De repente, damo-nos sabendo apenas medir o tempo pelo relógio e pensando que não temos tempo a perder. O tempo do relógio é regulado por uma máquina. É neutral e inodoro, isento e uniforme, corre inalterável, dirige-se sempre para diante, indiferente às ingerências do presente ou ao que fica para trás. O tempo do relógio é descomplicado e contínuo, capaz de afirmar, a qualquer preço, a sua progressividade. É um tempo sem vínculos, sem sentimentos que atrasam, sem raízes que maturam para lá do tempo. O tempo do relógio não é exatamente um tempo humano. E, contudo, fizemos do seu triunfo uma espécie de interdito civilizacional.

Eu diria que o exercício da paciência começa pela aceitação esperançosa da vida. Ela nos coloca face a face com a vulnerabilidade, aquela própria e a dos outros. Provavelmente ainda nos sentimos distantes das nossas metas, não gostamos de tudo o que encontramos em nós e à nossa volta, percebemos que há um trabalho de transformação que deve prosseguir ou deve mesmo ser intensificado. Não se deve confundir paciência com indecisão, passividade, escassa coragem. Pelo contrário: é a audácia de não se deixar instrumentalizar pela precipitação ou bloquear pelo temor, investindo ativamente o nosso tempo na gestão das expressões complexas e inesperadas da vida, mas fazendo-o com sabedoria, serenidade e atitude construtiva. Gosto muito do modo como Santo Tomás de Aquino explica a paciência. Diz ele que a paciência é a capacidade de não desesperar.

O agricultor não escava desesperado a terra atrás da semente que ali deixou, mas aparta-se dela sabendo que há um tempo necessário de separação para que a semente, no seu ritmo, possa florir. O pescador não abandona para sempre o mar só porque nesse dia não conseguiu apanhar peixe algum. Ele sabe que há só uma coisa a fazer: voltar no dia seguinte. A paciência é atenção à singularidade e à oportunidade de cada tempo, plenamente conscientes de que a existência se constrói com materiais muito diversos: peças de proveniência diversa, memórias heterogêneas, fragmentos disto e daquilo, caligrafias inequívocas, pegadas que prosseguem lado a lado, mas visivelmente desiguais, e por aí vai. A nossa unidade pessoal e a nossa comunhão com os outros só se realizam no encontro inesperado do diverso. Por uma via demorada de escuta, de disponibilidade, de efetivo reconhecimento, de negociação e, por fim, de encontro. A maior parte do tempo habitamos o inacabado. A paciência, se quisermos, é a arte de acolhê-lo e de partir daí para um trabalho incessante de ressignificação (que é, como sabemos, em grande medida, um trabalho de reconciliação).

O escritor italiano Giacomo Leopardi lembrou, não sem um grãozinho de humor, que "a paciência é a mais heroica das virtudes, precisamente por não possuir aparentemente nada de heroico". E é também um traço de humor que vejo no fato de o termo grego para paciência, *makrothymia*, descrever fundamentalmente um modo de respirar. A paciência é respiração longa, distendida e aberta. O contrário do nosso respirar ofegante e férreo. Talvez tudo o que tenhamos a fazer seja isto: respirar melhor. E assim aspirarmos o perfume do instante.

Escutar a melodia do presente

ABRE O OUVIDO DO TEU CORAÇÃO

A escuta talvez seja o sentido de verificação mais adequado para acolher a complexidade do que uma vida é. Contudo, escutamo-nos tão pouco e, dentre as competências que desenvolvemos, raramente está a arte de escutar. Na Regra de São Bento há uma expressão essencial, se queremos perceber como se ativa uma escuta autêntica: "Abre o ouvido do teu coração". Quer dizer: a escuta não se faz apenas com o ouvido exterior, mas com o sentido do coração. A escuta não é apenas a recolha do discurso sonoro. Antes de tudo, é atitude, é inclinar-se para o outro, é disponibilidade para acolher o dito e o não dito, o entusiasmo da história ou o seu avesso, a sua dor.

QUANDO O BARRO ESCUTA O SOPRO

Qual foi, efetivamente, a primeira coisa que escutamos? Sabemos hoje que, no terceiro mês de gestação, o aparelho auditivo do bebê já está apto a recolher sons. A partir desse momento, ele ouve pela primeira vez a voz humana e capta ruídos externos. Se tivermos isso em conta, a primeira coisa que o ser humano escutou foi o sopro de Deus: "O Senhor Deus formou o homem do pó da terra e insuflou-lhe pelas narinas o sopro da vida, e o homem transformou-se num ser vivo" (Gn 2,7). O barro sentiu, então, a respiração do eterno. Começamos aí a grande aventura. É claro que o que em nós foi pó um dia voltará a sê-lo. Mas não já do mesmo modo. Como afirma o verso do poeta Francisco de Quevedo: "Em poeira se tornarão/ mas poeira enamorada".

A ESCUTA É UMA FORMA DE HOSPITALIDADE

O conhecimento espiritual não resulta de um acumulado de informações históricas e teológicas que possamos reunir. A sabedoria que se torna determinante numa existência provém da escuta. É isso que de certo modo o próprio Jesus recorda a Pedro, imediatamente a seguir à grande confissão de Cesareia: "És feliz, Simão, filho de Jonas, porque não foi a carne nem o sangue que te revelou isso, mas o meu Pai que está no céu" (Mt 16,17). Há uma aprendizagem existencial que se colhe unicamente no dinamismo da audição. Também nesse sentido o encontro de Jesus na casa dos seus amigos de Betânia (Lázaro, Marta e Maria) é exemplar. Maria se colocou (melhor seria dizer "se colou") aos pés de Jesus, prefigurando a atitude de escuta que define o discípulo. A irmã, Marta, andava atarefada na cozinha, distante do hóspede. E Jesus não tem dúvidas: "Maria escolheu a melhor parte, que não lhe será tirada" (Lc 10,42). Há um momento na vida em que compreendemos: o conhecimento decisivo provém da escuta, e esta é a forma de hospitalidade de que mais precisamos.

OUVIR A FLORESTA CRESCENDO

A escuta confere agudeza à própria escuta, amplia a nossa capacidade de ouvir. Sabemos que uma árvore que tomba faz mais barulho do que uma floresta crescendo. E se um caminhão se desloca vazio ou com meia carga faz mais barulho do que se for realmente cheio. O vazio pode ser muito ruidoso. E as meias cargas, tal como as meias verdades, estão mais expostas ao atrito. Um Padre do Deserto contava que a capacidade de escuta de um discípulo era tão grande que conseguia distinguir, à distância de sete metros, uma agulha caindo. Ora, muitas vezes nós nem a sete centímetros somos capazes de ouvir. A escuta pede, por isso, exercitação e treino. Temos os ouvidos embotados: até podemos ouvir, mas não escutamos. "Filho de homem, tu moras no meio desta raça de gente rebelde que tem olhos para ver e não vê, ouvidos para ouvir e não ouve", lê-se no livro do profeta Ezequiel (Ez 12,2). Há tanta coisa que nos está sendo dita e que nós simplesmente não escutamos!

A escuta exige uma radicação, um hábito, uma permanência. Certamente na escuta há muitos equívocos e precisamos ser orientados na escola da audição. A história do pequeno Samuel (cf. 1Sm 3,1-19), que não sabe ainda que é Deus que o chama (ele pensa ouvir a voz de Eli, seu mestre), é a história da aprendizagem da escuta. Há nela uma vigilância interior que se aprende progressivamente, uma disposição de coração que nos permite escutar o inaudível. Não tenhamos dúvidas: tudo aquilo que escutamos, mas verdadeiramente tudo, deve ser apenas a preparação para a escuta do que permanece em silêncio. Só no *habitat* do silêncio, nas jornadas longas de silêncio e de exposição em oração, a escuta pode amadurecer.

A ALEGRIA ERRANTE

> Passou um vento impetuoso e violento, que fendia as montanhas e quebrava os rochedos, mas o Senhor não se encontrava no vento. Depois do vento, tremeu a terra. Passou o tremor de terra e ateou-se um fogo, mas nem no fogo se encontrava o Senhor. Depois do fogo, ouviu-se o murmúrio de uma brisa suave. Ao ouvi-lo, Elias cobriu o rosto com um manto, saiu e pôs-se à entrada. (1Rs 19,11-13)

A intriga, a história, o adensamento, a carne e a sua latência, o conflito, as feridas... Convite paradoxal para perder-se para se encontrar. Teremos de aprender a trocar a potência pela leveza do sopro, a exemplo de Elias.

Trocar todo o ruído pelo murmúrio de um silêncio, perante o qual Elias cobre o seu rosto. E ser como os rebanhos que nos campos seguem o sopro contido da flauta do pastor na direção de um lugar que não é um lugar, mas sem o qual não conheceriam a sua alegria errante.

A ESCUTA E O SABOR DA PRESENÇA

Comparando os dois relatos evangélicos, o do batismo e o da transfiguração, encontramo-nos fundamentalmente perante a mesma declaração dos céus. No batismo, ouve-se uma voz que diz: "Tu és o meu Filho muito amado, em ti pus todo o meu agrado" (Mc 1,10; Lc 3,22) ou "este é o meu Filho muito amado, no qual pus todo o meu agrado" (Mt 3,17). Ora, no texto relativo à transfiguração deparamo-nos com a repetição dessa palavra, mas com uma única alteração: a introdução do imperativo "escutai-o". Vejamos os textos. Na versão de Marcos: "Este é o meu Filho muito amado. Escutai-o" (Mc 9,7). Na narrativa de Mateus: "Este é o meu Filho muito amado, no qual pus todo o meu agrado. Escutai-o" (Mt 17,5). No relato de Lucas: "Este é o meu Filho predileto. Escutai-o" (Lc 9,35). A aparição do verbo "escutar", nesse momento preciso, ilumina não só o sentido central do episódio da transfiguração, mas também nos abre perspectivas sobre a semântica do próprio escutar.

A cena da transfiguração ocorre numa etapa particularmente sensível do percurso de Jesus com os seus discípulos. Estes continuavam a caminhar com Jesus, mas ficando para trás em aspectos importantes, atravessados por expectativas desencontradas e por receios, temendo as consequências do seu compromisso, olhando para o horizonte e sentindo-se vacilar, não confiando completamente. Imediatamente a seguir à confissão mais importante de Pedro em relação a Jesus ("Tu és o Messias, o Filho de Deus vivo" – Mt 16,16), Pedro põe em questão o destino anunciado do Mestre e repreende-o ("Deus te livre, Senhor! Isso nunca te há de acontecer!" – Mt

16,22), o que mostra como o temor se sobrepõe ao seguimento confiante. É claro que, no fundo, aquilo que Pedro queria dizer era: "Senhor, que isso nunca me venha ou nunca nos venha a acontecer". Ele tinha medo por Jesus, mas sobretudo por si. O que é, então, a escuta? É a experiência que vai arrancar do coração dos discípulos o escândalo da cruz. Não há fé que não nasça da escuta, de uma escuta profunda, de uma escuta até o fim. A escuta é o espaço onde Jesus pode atuar, curando-nos do nosso temor. Há uma escuta sem a qual não conseguimos viver, e essa é a verdadeira escuta.

É curioso que, quando a voz de Deus nos diz "escutai", Jesus não está propriamente nos dizendo nada. O sentido deste "escutai-o" é "acolhei-o", "recebei-o naquilo que Jesus é", "colocai-vos à escuta do seu mistério". Não basta um conhecimento, um saber, ou ter simplesmente no pensamento as verdades em que acreditamos. É necessária uma escuta que torne presente Jesus em todo o seu projeto e destino. E, através dela, que cada um se sinta envolvido pela palavra que desperta e orienta, pelo olhar que, sem nada dizer, nos conduz, pelos gestos que curam. A escuta nos coloca não só diante dele, mas com ele e nele. Sem essa escuta a palavra está distante no passado, a sua Páscoa é um acontecimento que não atravessa o instante. É a escuta que nos dá o sabor da presença.

VIVER NA ESCUTA DO EVANGELHO

A prática da escuta, na tradição bíblica, está muito ligada à fé. É a escuta que funda o enraizamento crente. A fé arrisca tornar-se um conjunto mais ou menos irrelevante de palavras e gestos, ou um código de boas intenções, se não há escuta. Jesus é muito claro:

> Vou mostrar-vos a quem é semelhante todo aquele que vem ter comigo, escuta as minhas palavras e as põe em prática. É semelhante a um homem que edificou uma casa: cavou, aprofundou e assentou os alicerces sobre a rocha. Sobreveio a inundação, a enchente arremessou com violência contra aquela casa, mas não a abalou, por ter sido bem edificada. Mas aquele que ouve a

minha palavra e não a pratica é semelhante a um homem que edificou uma casa sobre a terra, sem alicerces. A enchente arremessou contra ela, e a casa imediatamente se desmoronou. (Lc 6,47-49)

Viver na escuta, portanto, mas uma escuta consequente, que vá até o fim, que se traduza no concreto, que modele a vida. Escutar para modelar o barro que somos, escutar para construir, para sonhar, para ser. É impressionante, nesta passagem, que Jesus não diz que aquele que escuta as suas palavras será poupado das tormentas, das crises, das noites escuras, das devastações, dos sofrimentos. Não. Tanto quem constrói a casa sobre a areia como quem a constrói sobre a rocha experiencia a mesma situação. Abate-se sobre ambos a tempestade, debaixo de ambos a terra treme. A única diferença é a forma como se resiste à prova. Lembro-me das palavras de um muito jovem prior de uma comunidade monástica com a qual mantive contato. A um dado momento da conversa, perguntei-lhe: "Agora a comunidade é nova e pujante. Sente-se um odor primaveril. Mas não teme o inverno?". Não me esqueço de sua resposta: "Sabemos que a crise vai chegar... Há este instante de vitalidade extraordinária, porém a prova há de vir. A única coisa que pedimos ao Senhor é que, quando a crise chegar, nos encontre vivendo na escuta do Evangelho".

A OBEDIÊNCIA COMO EXERCÍCIO DE ESCUTA

Por mais programas, projetos e sonhos que alimentemos, tudo passa pelo calvário do tempo, tudo tem de ser purificado como o ouro, tudo é e será transformado. Tem é de haver um eixo firme. Esse ponto é a escuta do Evangelho. A opção por seguir Jesus não nos poupa do sofrimento: ela nos dá a capacidade de vivê-lo na confiança. E isso provém do enraizamento na escuta. É isso que a obediência, como atitude evangélica, significa. Em latim, o termo *ab audire* quer dizer "dar ouvidos", "ouvir bem", "permanecer em escuta". No maravilhoso hino da Carta aos Filipenses, São Paulo escreve sobre Jesus: "Ele se humilhou, tornando-se obediente até a morte, e morte de cruz" (Fl 2,8). Essa obediência que se torna dom de si, oferta radical da própria vida, brota desse estado amoroso de relação que é a escuta. O segredo de um homem não é tanto o que ele diz quanto o que ele escuta. Diz Jesus aos seus discípulos: "Já não vos chamo servos, visto que um servo não está a par do que faz o seu senhor; mas a vós chamo-vos amigos, porque vos dei a conhecer tudo o que ouvi de meu Pai" (Jo 15,15).

"QUEM TEM OUVIDOS, OUÇA O QUE O ESPÍRITO DIZ"

Há um refrão que Jesus repete muitas vezes, no final de uma parábola ou de um ensinamento, a ponto de tornar-se uma expressão típica do seu discurso: "Quem tem ouvidos para ouvir, ouça!" (Mt 11,15 passim). E é curioso que encontramos um mote semelhante no livro do Apocalipse, no remate de cada uma das sete cartas às igrejas da Ásia: "Quem tem ouvidos, ouça o que o Espírito diz às igrejas" (Ap 2,7.11.17.29; 3,6.13.22). Grande desafio este o de nos colocarmos à escuta do Espírito. No Evangelho de João, Jesus, quando anuncia aos seus discípulos que partirá para o Pai, diz-lhes também que enviará de junto do Pai o Espírito, o Espírito consolador, que conduzirá à verdade (cf. Jo 14,16-17.26). Aquilo que os discípulos ainda não tinham percebido acerca de Jesus vão compreendê-lo à medida que se forem abrindo ao Espírito. O caso de Pedro é paradigmático. O Espírito opera uma revolução nesse homem receoso e relutante, agarrado ao chão firme das suas certezas. Quando Pedro vai à casa de Cornélio e percebe que o Espírito Santo se tinha derramado antecipadamente sobre os pagãos, isso altera por completo o seu ponto de vista: "Poderá alguém recusar a água do batismo aos que receberam o Espírito Santo, como nós?" (At 10,47). E, ao longo do livro dos Atos dos Apóstolos, percebemos que o verdadeiro protagonista da história da Igreja é o Espírito Santo.

É o Espírito que constrói a Igreja e assiste a vida dos cristãos. O Espírito diz-nos a verdade acerca de Jesus, atesta ao nosso coração que Jesus é o

Senhor. Colocar-se à escuta do Espírito não é propriamente um exercício evanescente. É, antes, uma escuta que transforma a Igreja, que a purifica e desacomoda, que a faz viver no sobressalto da esperança. Abrirmo-nos à escuta do Espírito não é detectar sinais escassos e sutis: é olhar para a forma objetiva como o Evangelho interpela a minha vida. Lemos as cartas do Apocalipse, e elas até doem, porque tocam nos pontos de dor e naquilo que está escondido. Veja-se, por exemplo, o que se diz à igreja de Éfeso: "Conheço as tuas obras, as tuas fadigas, a tua constância... sofreste por causa de mim, não perdeste a coragem. No entanto, tenho uma coisa contra ti: abandonaste o teu primitivo amor" (Ap 2,2-4). Ou à igreja de Sardes: "Lembra-te de quanto recebeste e ouviste: guarda-o e arrepende-te" (Ap 3,3). A escuta do Espírito é abertura à transformação da nossa vida pelo Evangelho, na aceitação do impulso pascal. "Quem tem ouvidos, ouça o que o Espírito diz à igreja." A escuta é um sentido de realidade e, por vezes, esse sentido falta à nossa fé. Sem ele não há densidade, corpo, encarnação, vida comprometida, cotidiano.

TORNE-SE SURDO E VOCÊ OUVIRÁ

E há também este paradoxo com o qual temos necessariamente de contar: a verdadeira escuta pede que nos tornemos surdos. Diz Evágrio Pôntico, mestre da vida interior: "Esforça-te por conservar o teu espírito surdo no tempo de oração e só assim poderás rezar". Que surdez é essa? É aquela que brota do abandono. Quando deixamos, deixamos, deixamos. A nossa escuta é permanentemente interrompida por urgências que se impõem, sobretudo falsas urgências, ficções que nos povoam e barram o abraçar do instante. Sempre que a nossa escuta desiste de ir até o fim, ela desiste de si. Por isso Evágrio recomenda: "Torna-te surdo". A verdade é que, se não formos capazes disso, não mergulharemos no silencioso oceano da escuta.

Nos *Ditos e feitos dos Padres do Deserto*, conta-se a história daquele discípulo que, entrando no espaço sagrado para a oração, percebe que com ele entra também uma abelha. Quando pensa estar concentrado, a abelha vem girar em torno dele, com voos cada vez mais rasantes. O discípulo levanta-se, então, vai ter com o mestre e explica-lhe porque não pode continuar rezando, incomodado ou mesmo assustado com aquele incidente. E o mestre responde-lhe: "Vai rezar, não deixes de rezar, pois, mesmo que a abelha te pique, essa picada não te afetará". O importante é que o movimento da escuta, esse fragilíssimo e poderoso fio que, mesmo sem nos darmos conta, nos prende à vida, não se quebre. Por isso o monge Alônio, também uma das figuras da espiritualidade do deserto, dizia: "Se um homem não diz no seu coração 'Deus e eu estamos sozinhos neste mundo', jamais encontrará a paz".

UMA ESCUTA ESQUECIDA

Facilmente caímos numa concepção legalista e fragmentária da experiência de Deus, quando apenas uma auscultação amorosa nos abre ao entendimento e à experiência, onde Deus se revela. A Primeira Carta de São João não deixa espaço para dúvidas: "A Deus nunca ninguém o viu; se nos amarmos uns aos outros, Deus permanece em nós e o seu amor terá chegado à perfeição em nós" (1Jo 4,12). Ora, o amor é paradoxal, leva-nos a organizar a nossa vida a partir do paradoxo. O que ama vive no risco desta contradição que é o essencial do caminho fazer-se ao inverso, seguindo o Mestre daquelas bem-aventuranças (bem-aventurados os pobres de coração, os mansos, os perseguidos...), que acabou crucificado. Mas para isso temos de aprender a não temer essa verdade incômoda que o século colocou na boca de Jacques Lacan: "O amor é dar o que não se tem". Estamos habituados a acreditar nas potencialidades do ter e da abundância. Descubramos as possibilidades escondidas no ser, sem mais; na radical frugalidade da vida; na escassez das visões; no murmúrio soterrado pelas retóricas ruidosas; na escuta esquecida que nós também devemos ao visível. Na Segunda Carta aos Coríntios, o apóstolo Paulo escreve uma frase aparentemente absurda: Cristo, sendo rico, fez-se pobre para nos enriquecer (cf. 2Cor 8,9). Que confiança é esta de Jesus na potência que a pobreza é?

A ARTE DA ESCUTA É UM EXERCÍCIO DE RESISTÊNCIA

O ouvido espiritual guarda uma memória. Conserva em si a própria palavra. Isso que o Evangelho da Infância de São Lucas nos relata a propósito de Maria. O que ela entendeu (e também o que ela não compreendeu) de quanto escutou acerca de Jesus conservava-o no seu coração, meditando-o continuamente (cf. Lc 2,19). É assim que a tradição cristã nos ajuda a descobrir a escuta como reflexão, um trabalhar paciente e incessante na assimilação do mistério.

Numa cultura de avalanche como a nossa, a verdadeira escuta só pode configurar-se como um recuo crítico perante o frenesi das palavras e das mensagens que a todo minuto pretendem aprisionar-nos. Experimentamos como os modelos de vida impostos são atordoantes. A compensação para as nossas existências extenuadas é o entretenimento. No entanto a própria palavra "entreter" é reveladora: *entre-ter*, ter ou manter entre, numa espécie de suspensão que nos captura. E em determinado momento já não vivemos em lado nenhum, numa terra de ninguém que é ao mesmo tempo a nossa morada e o nosso exílio. A arte da escuta é, por isso, um exercício de resistência. Ela estabelece uma descontinuidade em relação ao real aparente, à sucessão ociosa dos contatos, à enxurrada que a *telenovelização* do cotidiano (político, econômico ou cultural) comporta. A escuta constitui, por vezes, uma incisão, um corte simbólico, uma recusa, uma deslocação. Uma coisa é certa: sem ela rapidamente a nossa vida se torna invadida, colonizada, uma vida que não nos pertence. Na sociedade da comunicação há um *deficit* de escuta. Recordo-me de um magnífico texto de Rabindranath Tagore que descreve bem a incapacidade que nos assalta quando adiamos o nosso êxodo, a ruptura com o que nos aprisiona:

> O pássaro domesticado vivia na gaiola e o pássaro livre, na floresta. Mas o destino deles era encontrarem-se, e a hora finalmente havia chegado. O pássaro livre cantou:
> – Meu amor, voemos para o bosque.
> O pássaro preso sussurrou:
> – Vem antes tu, e vivamos juntos nesta gaiola.
> O pássaro livre respondeu:
> – Entre as grades não há espaço para abrir as asas.
> – Ah, lamentou o pássaro engaiolado. – No céu não saberia onde pousar.
> O pássaro livre cantou:
> – Meu amor, canta as canções do campo.
> O pássaro preso respondeu:
> – Fica junto de mim, e eu te ensinarei as palavras dos sábios.
> O pássaro da floresta retrucou:
> – Não, não! As canções não podem ser ensinadas!
> E o pássaro engaiolado gemeu:
> – Ai de mim! Eu não conheço as canções do campo.
> Entre eles o amor era sem limites, mas não podiam voar asa com asa. Olhavam-se através das grades da gaiola e em vão desejavam conhecer-se. Batiam as asas ansiosamente, e cantavam:
> – Vem para mais perto, meu amor!
> Mas o pássaro livre dizia:
> – Não posso! Tenho medo da tua gaiola de portas fechadas.
> E o pássaro engaiolado sussurrava:
> – Ai de mim! As minhas asas morreram.

VOCÊ AMA AQUELE QUE VERDADEIRAMENTE ESCUTA VOCÊ

O sentido da escuta tem a ver com a prontidão. Aquele que escuta constrói uma vigilância interior que lhe permite atuar com uma diligência que não deixa de surpreender. É essa a imagem dos atletas, no início da partida, prontos à espera do sinal. A qualidade da escuta determina a qualidade da resposta.

Uma outra história dos *Ditos e feitos dos Padres do Deserto*. Um mestre tem doze discípulos e o seu preferido é o que se ocupa da caligrafia. Isso naturalmente gera ciúmes entre os restantes, que não percebem aquela predileção. Então o mestre decide colocá-los à prova. E um dia em que estão todos ocupados trabalhando, cada um em sua cela, o mestre chama: "Eia, meus discípulos, vinde a mim". O primeiro que aparece é o discípulo calígrafo e só depois, pouco a pouco, chegam os outros. O mestre leva-os, então, à cela do calígrafo e diz-lhes: "Vede, ele estava aqui desenhando a letra ômega e interrompeu o desenho de uma pequena letra para acorrer ao mestre". Então os discípulos responderam: "Percebemos agora. Amas aquele que verdadeiramente te escuta".

OUVIR O SILÊNCIO

Diria isto: por vezes o que nos aproxima da autenticidade é o continuar, por vezes é o parar. E só o saberemos no exercício paciente e inacabado da escuta. Mas esta audição de nós mesmos não se faz sem coragem e sem esvaziamento. E não podemos estar à espera de condições ideais. Acredito naquilo que o músico John Cage deixou escrito: em nenhuma parte do espaço ou do tempo existe isso que, de forma idealizada, nós chamamos de silêncio. À nossa volta tudo é som, por muito que tentemos encontrar um silêncio. E do mesmo modo se expressou Kafka, falando da sua trincheira, a literatura: "Nunca conseguimos estar suficientemente sozinhos quando escrevemos, nunca há silêncio suficiente à nossa volta quando escrevemos, até mesmo a noite nunca é noite o suficiente". Aquilo a que chamamos de silêncio só se torna real e efetivo através de um processo de despojamento interior, e de nenhuma outra maneira.

Os Padres do Deserto o ensinam, com uma sabedoria sempre calibrada de humor. Como aparece nesta história do monge Arsênio:

> Num certo momento o **abba** Arsênio chegou a um canavial, e os juncos eram agitados pelo vento. E o velho sábio perguntou aos irmãos: "Que rumorejar

é este?"; e eles responderam: "São os juncos". O velho sábio disse-lhes: "Na verdade, se um homem se senta em silêncio e ouve a voz de um pássaro, é porque não tem mesmo silêncio no seu coração. Quanto mais não será assim convosco, que ouvis os sons destes juncos?".

O silêncio não é simplesmente exterior. É preciso ter "silêncio no seu coração". Mas esse silêncio pede-nos, a cada dia, muita decisão e empenho. Diziam ainda os Padres do Deserto: "Aquele que se senta em solidão e está silencioso escapou de três guerras: ouvir, falar, ver. Terá, contudo, de travar continuamente uma batalha contra uma coisa: o seu próprio coração".

APRENDER A ESCUTAR O QUE PEDIMOS

Estou pronto a confessar que poucas coisas dão tanto prazer a um viajante como reencontrar os lugares de sempre mais ou menos intactos, reconhecer aí alguém e ser reconhecido, entabular conversa com pessoas que, com o tempo, se tornam praticamente amigas. Numa cidade, um rosto conhecido, mesmo o de um estranho, conserva qualquer coisa de âncora. Sentimos uma familiaridade que é pacificadora. Marguerite Yourcenar perguntava, cheia de razão: "Como viver sem ter diante de si o desconhecido?". Mas o inverso também é verdadeiro.

Uma das referências que reencontro sempre em Roma, e que testemunha esse sentimento de que, apesar de todas as mudanças, a cidade continua igual, é um pedinte. Lembro-me dele há quantos anos! Era (e é) impossível não dar com ele: à saída da universidade, da biblioteca, do cinema, no Campo das Flores, em São Pedro, por todo lado. De dia ou de noite. Um homem que deve ter hoje uns sessenta anos de idade, com uma presença discreta, delicada até. Aproxima-se dos passantes com duas perguntas. "Fala italiano?", atira primeiro. E, qualquer que seja a resposta, dá o passo seguinte. Pega cuidadosamente uma moeda entre dois dedos e coloca-a perto dos nossos olhos, rogando: "Tem cem liras?". Conheci-o assim. Quando se deu, mais tarde, a transição para o euro, passou a pedir dez centavos.

Quando nos interpela pela primeira vez, pensamos que se trata de alguém que precisa completar a quantia necessária para um bilhete de metrô ou para uma fatia de *pizza*. Depois de o encontrarmos centenas de vezes, ficamos sem saber exatamente o que pensar. Presenciei, porém, uma cena que talvez esclareça parte do enigma. Numa rua, ao redor do Panteão, estava sentado um outro mendigo. Seria melhor dizer que estava prostrado. Com vestes esfarrapadas, um braço deformado por caroços, um ar que trazia misturado tudo: dor e exclusão. Ao longe, vejo o pedinte aproximar-se dele. E, para meu espanto, percebo que repete ao mendigo a lamúria que faz a todos os outros, mostrando-lhe insistentemente uma moeda. Talvez para afastá-lo, talvez vencido pela compaixão, vejo que o mendigo tira de seu prato uma moeda que lhe entrega. E é nesse momento que a cena se torna inesquecível. O pedinte ajoelha-se ali, diante de todos, agarra as mãos do mendigo e beija-as repetidamente, turbado pela emoção. Penso que finalmente o percebi. Ele não pedia moedas. Pedia um bem mais raro e vital: pedia o dom.

A MÚSICA DEIXA-SE OUVIR SIMPLESMENTE

Há uma semelhança, uma espécie de parentesco interior, entre a escuta musical e a escuta espiritual. Lutero viu isso bem ao fundar a sua teologia da música na afirmação de Paulo na Carta aos Romanos: "A fé vem pela escuta" (Rm 10,17).

Há dois aspectos que denotam bem a afinidade: o primeiro tem a ver com a modalidade de conhecimento que comunicam, a segunda com a relação paradoxal que estabelecem entre finito e infinito. Por exemplo, a música dá-se a ela mesma. Não tem propriamente um saber a transmitir ou uma mensagem. Ela não nos diz nada acerca do mundo, mas permite-nos habitar o mundo. A sua essência é rítmica e não conceitual. A música deixa-se ouvir simplesmente, e essa é a sua forma de comunicação sensível.

E porque se dá a escutar torna-nos finalmente presentes a nós mesmos. Ora, esse é também o efeito que a escuta espiritual produz: um despertar de consciência, uma atenção ao instante, uma capacidade de inscrever-se no aqui e no agora.

Por outro lado, a música nos coloca perante esta coisa paradoxal: o músico é uma espécie de asceta. A sua arte pede-lhe o máximo de concentração, exige-lhe fidelidade escrupulosa a uma pauta, horas e horas de afinco em reclusa solidão. Mas todo esse rigor é para ser transformado em leveza, em puro jogo, em aberto desprendimento. A música conta que o indizível se irradie no dizível, que o infinito atravesse o finito, que o inaudível seja a expressão suprema de todo o audível. Não é a isso que a escuta de fé aspira? Vejamos o que escreve o apóstolo Paulo. Em Romanos temos este dístico: "A fé vem pela escuta" (Rm 10,17). Mas na Primeira Carta aos Coríntios ele lembra o seguinte: "O que os olhos não viram, os ouvidos não ouviram, o coração do homem não pressentiu, isso Deus preparou para aqueles que o amam" (1Cor 2,9). A fé abre-se ao inaudível.

Do Papa Ratzinger, um apreciador de música confesso, há uma impressiva evocação do efeito nele produzido pela escuta de uma peça de um dos seus compositores preferidos:

> Quando ouvimos uma peça de música sacra que faz vibrar as cordas do nosso coração, a nossa alma é como que dilatada e ajudada a dirigir-se a Deus. Volta-me ao pensamento um concerto de músicas de Johann Sebastian Bach, em Munique, na Baviera, dirigido por Leonard Bernstein. No final da última peça, uma das cantatas, senti, não por raciocínio, mas no profundo do coração, que quanto eu ouvira me tinha transmitido a verdade, a verdade do sumo compositor, impelindo-me a dar graças a Deus. Ao meu lado estava o bispo luterano de Munique e, espontaneamente, eu lhe disse: "Ouvindo isto, compreende-se: é verdadeiro; são verdadeiras a fé tão forte e a beleza que a presença da verdade de Deus exprime de maneira irresistível". (Audiência geral, 31 de agosto de 2011)

A VOZ DO REAL

Absolutizamos a nossa experiência pessoal, que tem o valor que tem, mas ostentamo-la como se fosse tudo, e passamos a medir e a julgar pela nossa própria experiência, por aquilo que nos aconteceu de bem e aquilo que nos aconteceu de mal. Porém é também necessário percebermos os limites e relativizarmos a nossa própria experiência, que pode até ser justíssima, mas é parcial. Precisamos regressar àquele refrão da Carta aos Gálatas: "Cristo nos libertou para sermos realmente livres" (Gl 5,1). Livres em relação à nossa memória, ao nosso passado, ao nosso saber, livres em relação à nossa experiência. Porque podemos dizer: "Eu já passei por muita coisa, eu sei". Mas o que é que sabemos verdadeiramente? Alguma vez tocamos o centro? Apetece lembrar aquele diálogo que Deus tem com Jó: "Onde estavas, quando lancei os fundamentos da Terra? [...] Alguma vez na tua vida deste ordens à manhã e indicaste o seu lugar à aurora? [...] De que lado habita a luz? Qual é o lugar das trevas?" (Jó 38,4.12.19). Escutá-lo é acolher a voz do real.

O QUE ESTÁ SENDO DITO PARA NÓS

A bússola serve para indicar o Norte. A existência de um Norte estabelece uma orientação, um tracejado com o qual passamos a contar. Pode acontecer ao viajante que, ao tirar a bússola do bolso, esta tenha deixado de funcionar. Mas nesse caso o viajante sabe que o problema é da bússola e não lhe passa pela cabeça colocar em causa a existência do Norte. Tomemos agora a bússola como metáfora da relação que mantemos com o sentido. Houve, de fato, um tempo em que as fontes de sentido (religiosas, políticas e éticas...) exerciam uma atração capaz de polarizar e assegurar todas as procuras. Essas fontes tinham o magnetismo assertivo da agulha de uma bússola, e as respostas que davam pareciam simples, naturais e inquestionáveis.

Mas mudanças e rupturas culturais aconteceram. E deu-se uma passagem que podemos descrever assim: na orientação das nossas viagens, deixamos de recorrer à bússola e passamos a utilizar o radar. Isso significa o quê? Significa que não estamos mais ligados a uma direção precisa. É verdade que o radar vai em busca do seu alvo, mas essa busca implica agora uma abertura indiscriminada, plural, móvel. Com a bússola era-nos claramente apontado um Norte, e só uma direção: o radar vem potenciar e tornar complexa a procura. Diversificam-se os sinais e multiplicam-se igualmente os caminhos. As vias da procura espiritual deixaram de ter sentido único.

Hoje estamos perante uma ulterior mudança, porque mais do que investirmos na procura de sinais aqui e ali garantimos agora, sobretudo, a possibilidade de recebê-los. Se antes o radar estava à procura de um sinal, hoje somos nós que procuramos um canal de acesso através do qual os dados possam passar, sem que, no entanto, tenhamos, necessariamente, de fazer a procura. Quando um dado fica disponível (um *e-mail*, por exemplo), recebemo-lo de forma automática porque temos aberto um canal de recepção. O problema atual não é, portanto, encontrar a mensagem de sentido, mas decodificá-la.

Os tempos estão mudando. E os tempos de mudança são inspiradores, não o esqueçamos. O inverno conspira para que surjam inesperadas flores. "O que está sendo dito para nós?", é a pergunta necessária. O que é que esta avalanche cultural nos revela? De fato, a grande crise, a mais aguda, não é sequer a dos acontecimentos, decisões e deserções que nos trouxeram aqui. Dia a dia, sobrepõe-se um problema maior: a crise da interpretação. Isto é, a falta de um saber partilhado sobre o essencial, sobre o que nos une, sobre o que pode alicerçar, para cada um enquanto indivíduo e para todos enquanto comunidade, os modos possíveis de nos reinventarmos.

AO OUVIR O VARREDOR DAS FOLHAS CAÍDAS

É-nos dito e repetido que o tempo bem aproveitado é um contínuo, tendencialmente ininterrupto, que devemos esticar e levar ao limite. A maioria de nós vive nessa linha de fronteira, em esforçada e insatisfeita cadência, desejando, no fundo, que a vida seja o que ela não é: que as horas do dia sejam mais e maiores, que a noite não adormeça nunca, que os fins de semana cheguem para salvar-nos a pele diante de tudo o que fica adiado. Quantas vezes nos vemos concordando automaticamente com o lugar comum: "Precisava que o dia tivesse quarenta e oito horas" ou "precisava de meses de quarenta dias". Desconfio que não seja isso exatamente o que precisamos. Bastaria, aliás, reparar nos efeitos colaterais das nossas vidas superocupadas, no que fica para trás, no que deixamos de dizer ou acompanhar. Sem bem nos darmos conta, à medida que os picos de atividade se agigantam as nossas casas vão se assemelhando a casas desocupadas, esvaziadas de verdadeira presença; a língua que falamos torna-se incompreensível como uma língua sem falantes no mundo mais próximo; e mesmo que habitemos a mesma geografia e as mesmas relações, parece que, de repente, isso deixou de ser para nós uma pátria e tornou-se uma espécie de terra de ninguém.

O ponto de sabedoria é aceitar que o tempo não estica, que ele é incrivelmente breve e que, por isso, temos de vivê-lo com o equilíbrio possível. Não podemos nos iludir com a lógica das compensações: por exemplo, que o tempo que roubamos às pessoas que amamos procuraremos devolver de outra maneira, organizando um programa ou comprando-lhes isto e aquilo; ou que aquilo que retiramos do repouso e da contemplação vamos tentar compensar numas férias extravagantes. A gestão do tempo é uma aprendizagem que, como indivíduos e como sociedade, precisamos fazer.

Nisso do tempo, por vezes é mais importante saber acabar do que começar, e mais vital suspender do que continuar. Lembro-me de que, durante anos, numa casa em que vivi, ouvia diariamente o varredor público limpar as folhas caídas do grande lódão [lótus] embaixo da minha janela.

Ele chegava por volta de uma da manhã, mais ou menos. A música da sua vassoura era uma chamada para encerrar o dia e recolher-me. Também eu precisava varrer a minha dispersão e apagar a luz até o dia seguinte. Mas até esse exercício de interromper um trabalho para passar ao repouso não nos é fácil, pelo menos em certa idade. Isso implica, não raro, um exercício de desprendimento e de pobreza. Aceitar que não atingimos todos os objetivos que nos tínhamos proposto. Aceitar que aquilo aonde chegamos é ainda uma versão provisória, inacabada, cheia de imperfeições. Aceitar que nos faltam as forças, que há uma frescura de pensamento que não obtemos mecanicamente pela mera insistência. Aceitar, porventura, que amanhã teremos de recomeçar do zero e pela enésima vez.

Creio que o momento de mudança acontece quando olhamos de outra forma para o inacabado, não apenas como indicador ou sintoma de carência, mas como condição indispensável do próprio ser. Ser é habitar, em criativa continuação, o seu próprio inacabado e o do mundo. O inacabado liga-se, é verdade, com o vocabulário da vulnerabilidade, mas também (e eu diria, sobretudo) com a experiência de reversibilidade e de reciprocidade. A vida de cada um de nós não se basta a si mesma: precisaremos sempre da audição do outro, que nos mira de um outro ângulo, com uma outra perspectiva e outro humor. A vida só por intermitências se resolve individualmente, pois o seu sentido alcança-se unicamente na partilha e no dom.

Olhar a porta entreaberta do instante

LEVANTANDO OS OLHOS

Conduzindo-o para fora, o Senhor disse a Abraão: "Levanta os olhos para o céu e conta as estrelas" (Gn 15,5). A fé é uma experiência de exterioridade, uma saída das nossas visões repartidas, um romper com as nossas perspectivas. "Levanta os olhos." O Senhor nos conduz para fora dos círculos fechados das nossas interrogações e evidências. Precisamos abrir as janelas que dão para o vasto, erguer os nossos olhos além do chão, contemplar a imensidão tatuada no universo e em nós.

Chamado por Deus (cf. Gn 12,1) para protagonizar uma nova história, Abraão vai experimentar esse fato como desafio a sair do contexto, desafio porventura fora de tempo devido à sua idade (mas nem a nossa idade, demasiado avançada ou demasiado jovem, constitui obstáculo para a promessa). Quando Deus toma a iniciativa, aquele homem, que já não esperaria grandes aventuras, rompe não apenas com o cenário geográfico e familiar que apoiava a sua vida, mas com o sentido disso: a segurança de uma cidadania, de um reconhecimento parental, de uma pertença. A fé começa como desafio para nos desenlaçarmos da resolução individual ou pretensamente definitiva da nossa existência e para nos abrirmos ao aberto da alteridade. Por isso o nomadismo proposto a Abraão (e a nós) é expressão da confiança. E o ponto de partida é esse imperativo: "Levanta os olhos". Levantar os olhos presos que, muitas vezes, julgamos que – antes de nós – morreram.

O SEQUESTRO DO OLHAR

O texto do Gênesis centra no olhar e nos seus embaraços a explicação simbólica da transgressão do primeiro casal humano (cf. Gn 3,1-13). A promessa que a serpente faz à mulher é que seus olhos se abrirão e ela verá com a amplitude do próprio Deus. Essa ficção de uma visão ilimitada, e nesse sentido também de uma visão inumana, captura a mulher. É interessante compararmos o posicionamento da mulher com o de Deus. Deus se detém a contemplar, simplesmente: "E Deus viu que isto era bom" (Gn 1,10). Deus olhava para cada uma das obras da criação a partir do seu bem. As coisas eram consideradas no seu fundamento, não porque tinham uma finalidade. Ora, a mulher passa a olhar para a maçã porque ela é atraente e agradável à vista para comer: "Vendo a mulher que o fruto da árvore deveria ser bom para comer, pois era de atraente aspecto e precioso para esclarecer a inteligência, agarrou o fruto, comeu-o, deu dele também a seu marido" (Gn 3,6). E este é o grande engano da visão: deixamos de olhar a criação em si e aplicamos-lhe finalidades das quais nós mesmos somos o centro. E nem nos damos conta até que ponto a pretensão de nos constituirmos como medida de todas as coisas nos bloqueia o olhar.

O DRAMA DO JARDIM

A inversão do olhar, no drama do jardim, mostra que ocorre uma espécie de ocultação do mundo quando deixamos de ter capacidade de olhar as coisas em si, segundo o projeto que lhes foi concedido pelas mãos do Criador. É como se o criado entrasse em retração diante dos nossos olhos com todas as consequências que daí advêm. Percebemos, por isso, o que nos vem dito em Gn 3,7: "Então, abriram-se os olhos aos dois e, reconhecendo que estavam nus, coseram folhas de figueira umas às outras e as colocaram, como se fossem cintas, à volta dos rins". Trata-se de um momento extraordinariamente simbólico: quando percebem que estão nus, cobrem sua nudez, o que revela a dificuldade que sentem agora em olhar para eles mesmos e para a sua verdade. E do mesmo modo instala-se uma incapacidade de olhar Deus. Quando Deus visita o jardim pela brisa da tarde, o homem esconde-se e Deus pergunta: "Onde estás?" (Gn 3,9).

O mal é o sequestro do olhar, é uma inversão de sentido do ver, é um olhar que foge, é uma renúncia a olhar as coisas na sua inteireza. O que é que vemos quando vemos? Tão distantes nos colocamos do testemunho que Fernando Pessoa cunhou: "A espantosa realidade das coisas/ É a minha descoberta de todos os dias./ Cada coisa é o que é,/ E é difícil explicar a alguém quanto isso me alegra,/ E quanto isso me basta".

UMA PALAVRA QUE NOS SIRVA DE ESPELHO

Irônica e vital é a lição que o relato de Gn 3 nos dá: todo o drama se desencadeia não por uma coisa grande, mas por causa de um motivo muito pequeno, destituído de valor: uma maçã! É completamente desproposidado alterar o regime da própria vida em nome de uma maçã. Contudo, na construção do olhar não há coisas insignificantes. As coisas pequenas espelham as grandes fidelidades e, rapidamente, mais do que se julga, abarcam a totalidade do ser. Por isso se diz que um bater de asas de borboleta no Pacífico causa uma tempestade no Atlântico. Na vida espiritual também é assim: não podemos declarar destituído de relevância qualquer pormenor. Deus habita o detalhe, recorda-nos o provérbio hebraico. Não raro, o que nos escapa mais é o óbvio, e o que nos é mais difícil de olhar é o que se mete pelos olhos adentro. Conseguimos ter uma visão escrutinada sobre tudo e todos, e revelar uma incapacidade gritante de nos observarmos a nós mesmos, cegos para a nossa imperfeição e vulnerabilidade. Precisamos, por isso, de um operador da transformação, da chegada de um terceiro que introduza uma brecha crítica, do confronto com uma palavra que seja um espelho, um dispositivo ao mesmo tempo profético (que traga o confronto) e poético (que nos relance no aberto). É isso que acontece, por exemplo, no encontro entre o rei Davi e o profeta Natã. O profeta conta uma pequena parábola, sem que o rei se aperceba de que ela funcionará para ele como um espelho:

> Dois homens viviam na mesma cidade, um rico e outro pobre. O rico tinha ovelhas e bois em grande quantidade; o pobre, porém, tinha apenas uma ovelha pequenina, que comprara. Criara-a, e ela crescera junto dele e dos seus filhos, comendo do seu pão, bebendo do seu copo e dormindo no seu seio; era para ele como uma filha. Certo dia, chegou um hóspede na casa do homem rico, o qual não quis tocar nas suas ovelhas nem nos seus bois para preparar o banquete e dar de comer ao hóspede que chegara; mas foi apoderar-se da ovelhinha do pobre e preparou-a para o seu hóspede. (2Sm 12,1-4)

Quando Davi se indigna contra aquela prepotência ("Pelo Deus vivo! O homem que fez isso merece a morte" – v. 5), Natã ajuda-o a olhar para si mesmo: "Esse homem és tu!" (v. 7).

EU VI O TEU SOFRIMENTO

No livro do Êxodo, a grande aventura da libertação do povo de Israel começa pelo verbo "ver". É isso que Deus diz a Moisés: "Eu vi o sofrimento do meu povo que está no Egito e ouvi o seu clamor diante de mim. Conheço o seu sofrimento" (Ex 3,7). O ponto de partida é este "Eu vi". Deus não fecha os seus olhos, não os afasta de nós, em tempo algum. Precisamos ganhar confiança neste olhar de Deus. O princípio da nossa libertação é porque Deus vê. Deus vê, e este olhar representa infalivelmente para nós a possibilidade de vida, de relação, de aliança.

VENHA VER O SOL QUE ESTÁ NASCENDO

Lembro-me de uma história que uma querida amiga me contou. O seu pai era juiz na Itália. Um homem severo e absorto, sem tempo a desperdiçar, sem grande vontade de levantar os olhos do seu importante mundo, ainda menos para escutar os rigores por que passavam as crianças. Ela cresceu, formou-se e, durante os primeiros anos, chegou a trabalhar como secretária do pai. Essa proximidade em nada alterou o quadro que conhecia: continuavam dois estranhos, com uma relação puramente formal, e um mundo submerso de coisas por dizer. Ela conta que um dia fizeram uma viagem de trabalho a uma das ilhas gregas. Foram de barco, e podemos imaginar os longos tempos de travessia. De madrugada, porém, sobressaltada, ela percebe que o pai está no seu camarote tentando acordá-la. Fixa-o sem compreender o que se passa. E ele lhe diz: "Venha ver o sol que está nascendo. É enorme, enorme. Venha depressa. Você vai gostar. Venha". Muitos anos depois, o pai já tinha morrido, essa história se passara havia décadas, minha amiga me confidenciou: "Se ele tivesse feito pelo menos mais uma coisa destas, pelo menos mais uma, eu lhe teria perdoado tudo".

A NOITE É BRILHANTE

O Sl 139 propõe a quem ora uma meditação em torno do significado do olhar de Deus para a própria existência. O amor de Deus não é apenas universal, é também pessoal. Posso reconhecer o olhar de Deus que me conhece, que dedilha as cordas singulares da minha alma, escuta o meu corpo desde sempre, desde quando era tecido nas profundezas da vida. É interessante acompanharmos o realismo da composição bíblica: "Deus, tu me vês quando me sento e quando me levanto;/ à distância conheces os meus pensamentos.// Tu me vês quando caminho e quando descanso;/ estás atento a todos os meus passos" (vv. 2-3). O olhar de Deus não desiste de testemunhar a vida, é eternamente fiel, é uma flor vigilante. Não podemos dizer "Ah, este momento da minha vida é demasiado escuro para que Deus intervenha!", pois o salmo diz: "A noite é brilhante como o dia, e a luz e as trevas são a mesma coisa para o teu olhar" (v. 12). Se acreditamos que é com olhos de amor que Deus nos olha, então confiaremos também que os seus olhos partem em busca dos nossos. Deus não se conforma com a perda de nossa luminosidade. Ele desce ao nosso jardim e chama por nós, perguntando: "Onde estás?" (Gn 3,9).

AS APRENDIZAGENS DO OLHAR

Os Evangelhos nos permitem aprendizagens fundamentais em torno do olhar. Pensemos no Evangelho de Lucas e na força extraordinariamente visual da sua proposta. Em Lc 1,46.48, no início do *Magnificat*, Maria canta, e pelo seu canto sabemos que é todo o Povo de Deus que participa naquela obra de graça: "A minha alma magnifica o Senhor, porque ele pôs os olhos na humildade da sua serva". Essa humildade nada tem de acepção moral. Deus pôs os olhos na pequenez, na inferioridade, no pouco valor da sua serva. Deus colocou o seu olhar, sem mais, naquilo que Maria era, e ela enalteceu o Senhor. Já no capítulo 15, na inesquecível parábola do filho pródigo, quando este regressa à casa paterna, é maravilhoso o jogo dos olhares que se estabelece. Relata-nos o texto: "E levantando-se, ele foi ter com o pai. E quando ainda estava longe, o pai o viu e, enchendo-se de compaixão, correu a lançar-se-lhe ao pescoço e cobriu-o de beijos" (Lc 15,20). O olhar do pai torna-se decisivo para o encontro, altera todas as expectativas, mesmo as melhores que o filho poderia alimentar em relação ao reencontro. O filho vinha preparado para dizer: "Não mereço nada nem reclamo nada: trata-me como um dos teus servos, pois não mereço ser considerado teu filho".

O pai, porém, contra todo o bom senso, revela-lhe um olhar de amor. Abre a casa para a festa e escancara aquele momento de desencontro para a reconciliação. "Este teu irmão estava morto e voltou à vida" explicará o pai, depois, ao relutante irmão mais velho (Lc 15,32). Esse regresso à vida só é possível pelo olhar misericordioso com que o pai o vê.

No olhar de Jesus, encontramos o olhar amoroso de Deus que anda à procura do Homem nos lugares mais improváveis, para transformar seu coração. Quando Zaqueu está pendurado no sicômoro, levado por uma curiosidade que poderia ter ficado só por aí, Jesus aproxima-se e diz, para desconcerto de todos: "Zaqueu, desce depressa. Eu hoje preciso ficar na tua casa" (Lc 19,5). Passaria pela cabeça de Zaqueu que aquele pregador o procuraria, por sua iniciativa, para hospedar-se junto a ele? É a surpresa de Deus. E quando Zaqueu se sente assim olhado, a vida dele se transforma. De pé, anuncia: "Senhor, vou dar metade dos meus bens aos pobres e, se defraudei alguém em qualquer coisa, vou restituir-lhe quatro vezes mais" (Lc 19,8).

"TU, O QUE VÊS?"

Há uma passagem do Evangelho de Marcos (Mc 8,22-26) que nos permite aproximar da pedagogia de Jesus em relação ao olhar:

> Chegaram a Betsaida e trouxeram-lhe um cego, pedindo a Jesus que o tocasse. Jesus tomou-o pela mão e conduziu-o para fora da aldeia, deitou-lhe saliva nos olhos, impôs-lhe as mãos e perguntou: "Vês alguma coisa?". Ele ergueu os olhos e respondeu: "Vejo os homens, vejo-os como árvores que andam". Em seguida, Jesus impôs-lhe outra vez as mãos sobre os olhos, e ele viu perfeitamente. Ficou restabelecido e distinguia tudo com nitidez. Jesus mandou-o para casa dizendo-lhe: "Não entres sequer na aldeia".

São outros, possivelmente parentes ou conhecidos, que vêm ter com Jesus, pedindo compaixão para aquele homem. De fato, a recriação do olhar não é um ato individual. Sendo uma experiência pessoal, não é uma ação individual. Estando sozinhos com a nossa cegueira existencial, não estamos sós com a nova visão a construir. A experiência do amor de Deus nos chega através dos outros, bem como os pequenos e grandes processos de transformação. Necessitamos de quem nos leve até Cristo para que ele se revele em nós, manifestando a sua misericórdia.

É interessante que ninguém sabe ao certo o que Jesus vai fazer, há uma certa imprevisibilidade no ar. Nenhum deles arrisca: "Ele vai te fazer deste modo ou daquele". O fundamental é o encontro, mais do que a forma que este assume. Jesus é o protagonista, é sua a iniciativa, mesmo que o motivo seja a nossa cegueira, a nossa dificuldade de viver ou de interpretar esse instante. Cristo é o motor da experiência que nos salva.

Então Jesus toma o homem pela mão e o conduz para fora da aldeia. Essa imagem é uma das mais extraordinárias que o Evangelho oferece, porque traduz plasticamente a confiança depositada em Jesus. A verdade é que nós não o poderíamos acompanhar se ele não nos estendesse sua mão e nos permitisse um encontro de intimidade. Nós só saímos da aldeia porque ele tem sua mão agarrada à nossa. Mas a transformação só acontece quando aceitamos a deslocação do nosso ponto de vista habitual (da nossa aldeia, poderíamos dizer) para um lugar novo, que não é bem um lugar, mas uma relação, uma companhia.

O Evangelho narra momentos diferentes: momentos de multidão, momentos em que Jesus fala apenas ao grupo dos discípulos ou a dois ou três deles em particular, e momentos em que Jesus fala apenas a uma única figura. O encontro pode sempre acontecer em qualquer dessas ocasiões, mas, quando Jesus está a sós com uma personagem, há dimensões pessoalíssimas que emergem. Quando estão apenas os dois, Jesus deita-lhe saliva nos olhos. É um elemento simbolicamente forte, porque a saliva é uma seiva, é uma secreção que vem do próprio Jesus. Jesus não fabrica uma mezinha exterior, não propõe como remédio uma planta ou as entranhas de um peixe. A medicina é o próprio Jesus. O que nos transforma é o dom que Jesus faz de si. Por isso o gesto da saliva é acompanhado por um outro: o da imposição das mãos, que representa igualmente uma transmissão vital. Não admira que nos muitos comentários a esta passagem evangélica os Padres da Igreja tenham sublinhado na saliva e na imposição das mãos a expressão sacramental da cura.

Um aspecto significativo é que até aqui o homem não sabe nada, não vê onde está nem para onde vai. Entrega-se apenas às mãos de Jesus que atuam. No caminho espiritual há um ato fundamental de confiança. Não se pode querer ver a cada passo. Se o semeador que lança a semente na terra se põe a escavar, para ver se ela já cresceu, compromete o desenvolvimento da semente. O importante não é ver ou saber, mas confiar. É então que se desencadeia o mais imprevisível dos diálogos. Jesus pergunta ao homem: "Tu, o que vês?". É uma pergunta incisiva, não é geral nem abstrata. "Tu, o que vês neste momento?" E o que era cego diz o que vê com muita simplicidade: "Vejo os homens e vejo-os como árvores que caminham". Não há nenhum lamento, nem acusação, mas a coragem da objetividade: "Vejo isto". Jesus pode, então, corrigir o olhar dele, e ele passa a ver com nitidez.

Nós nos pomos a discutir *por que, como, onde,* e não dizemos o que vemos realmente. A autenticidade desse homem, que reconhece "estou vendo mal", "vejo os homens como árvores", cria a oportunidade para que ele seja curado e venha a olhar com clareza. Precisamos aprender a simplicidade de aceitar a nossa história como ela é, aceitar a vida sem moralizar, sem encobrir, sem pôr debaixo do tapete, expondo a nossa pobreza na confiança de que ele pode transformar-nos.

Quando o homem está curado, Jesus lhe diz: "Agora volta para tua casa, sem entrar na aldeia". É curioso, porque ele saiu da aldeia e agora Jesus diz: "Vai para casa, não voltes à aldeia". Há um horizonte novo, uma vida nova que começa, não é para voltar ao mesmo ponto de partida, ao mesmo lugar. Não! Volta para tua casa, reentra na tua vida, reentra plenamente na tua história, não fiques disperso na praça, alvo da curiosidade de todos. Não precisas disso agora. Volta antes para a tua casa, constrói, sê, habita a tua verdade como se ela fosse um limiar.

"QUANDO A CANDEIA TE ILUMINA COM O SEU FULGOR"

Para Jesus, o olhar é de uma extraordinária importância, e ele dedicou-lhe numerosos ensinamentos. Atentemos neste:

> A candeia do teu corpo são os teus olhos. Se os teus olhos estiverem sãos, todo o teu corpo estará iluminado, mas se estiverem em mau estado, o teu corpo estará em trevas. Examina, pois, se a luz que há em ti não é escuridão. Se todo o teu corpo está iluminado, não tendo parte alguma tenebrosa, todo ele será luminoso, como quando a candeia te ilumina com o seu fulgor. (Lc 11,34-36)

O modo como vemos decide a qualidade do nosso viver. Não podemos fantasiar que vamos recuperar o olhar dos outros quando a transparência do nosso precisa ser reinventada. Um olhar perturbado é uma fonte de obscuridade. Examinar a qualidade da luz que trazemos é o desafio que Jesus nos faz.

OLHAR DE FRENTE PARA O MISTÉRIO DA CRUZ

Muitas vezes, o nosso olhar está como o dos discípulos na noite da Paixão, quando o Senhor lhes pede que fiquem acordados uma hora e eles caem no sono (cf. Lc 22,45). Aquele sono no Jardim das Oliveiras não é apenas o do cansaço, o de um dia cheio de emoções desencontradas que nos derrubam. É, sim, a incapacidade de olhar de frente para o mistério da cruz. Isso é que faz o nosso olhar se fechar. Aquilo que encontramos nos Evangelhos é uma pedagogia de Jesus que converte o nosso olhar e nos permite passar, progressivamente, a um nível mais profundo de compreensão. "Se alguém quer vir após mim, negue-se a si mesmo, tome a sua cruz, dia após dia, e siga-me" (Lc 9,23).

O TERAPEUTA DO OLHAR

Aquele diálogo junto do poço começa quase que por uma sucessão de mal-entendidos. Primeiro: "Como é que tu, sendo judeu, pedes de beber a mim, que sou samaritana?" (Jo 4,9). Logo depois: "Senhor, não tens sequer um balde e o poço é fundo... Onde consegues, então, a água viva?" (Jo 4,11.12). A mudança se dá quando ela percebe, e pelo exemplo da sua própria vida, que Jesus não se deixa prender pelos equívocos da superfície, mas olha em profundidade. E então a transformação acontece. Aquela mulher inicialmente relutante vai ao povoado dizer: "Vinde ver um homem que me disse tudo o que eu fiz! Não será ele o Messias?" (Jo 4,29). Cristo é o terapeuta do olhar. Estende-nos a ponte para passarmos do ver ao contemplar e do simples olhar à visão da fé.

NO INTERIOR MESMO DESTA FRAQUEZA

É a nossa nudez, a nossa miséria, a nossa infelicidade, a nossa cegueira que nos colocam no caminho de Jesus. É porque aquele homem é cego, e sabe que é cego, que ouve Jesus perguntar-lhe: "Que queres que eu te faça?" (Mc 10,51). Pensamos frequentemente que se deve procurar a santidade na direção oposta ao pecado ou à fraqueza. O que é aí, então, a santidade? É o contrário da minha vida. Ora, a santidade não se encontra num lugar diferente da fraqueza ou da tentação, mas no interior mesmo dessa fraqueza e dessa tentação. Ela não está apenas à nossa espera, quando nós ultrapassarmos a nossa fraqueza, mas no momento mesmo em que somos fracos continuamos perto da santidade. A santidade transforma todos os instantes, por embaçados e difíceis que sejam, em oportunidades. Aquilo que nos recorda o salmo: "Ouve, filha, vê e presta atenção:/ esquece o teu povo e a casa de teu pai./ De tua beleza se enamora o rei" (Sl 45,11.12). Ainda que nos encontremos no extremo da miséria, Deus está enamorado da nossa beleza. Assim, dentro da tua noite, fixa o brilho de uma estrela.

ASSUMIR A INSUFICIÊNCIA DO MEU OLHAR

Jesus contou esta parábola:

> Um cego pode guiar outro cego? Não cairão os dois em alguma cova? Não está o discípulo acima do mestre, mas o discípulo bem formado será como o mestre. Por que reparas no cisco que está na vista do teu irmão e não reparas na trave que está na tua vista? Como podes dizer a teu irmão: "Irmão, deixa-me tirar o cisco da tua vista", tu que não vês a trave que está na tua? Hipócrita, tira primeiro a trave dos teus olhos, e então verás para tirar o cisco da vista do teu irmão. (Lc 6,39-42)

Somos rápidos para detectar incongruências no olhar dos outros, para apontar limites, para descrever impedimentos. Mas o caminho da transformação não é esse. O nosso olhar é também atravessado por opacidades, e, quando julgamos que vemos, estamos incapazes disso, presos a obstáculos maiores. Aquilo que nos converte verdadeiramente é aceitar a trave, a imperfeição que nos condiciona. Aquilo que nos muda é aceitar que o problema é nosso e não dos outros. Quantas situações de crise na relação, quantas situações de conflito nos afundam no sofrimento até cairmos em nós e percebermos que há um caminho interior a fazer. Porventura, num primeiro momento, só conseguimos dizer: "Como é que isso foi me acontecer?", ou "como é que isso ocorreu, depois de tudo o que eu fiz?" Frequentemente, a nossa primeira atitude é de vitimização. Os outros é que têm ciscos nos olhos e não veem. Depois, pouco a pouco, iniciamos um processo de amadurecimento e principiamos a aceitar que, se calhar, a incompreensão não foi apenas dos outros, porque também quisemos viver daquela maneira, construímos aquilo, estivemos ali. É indispensável esta alteração: passar do processo de vitimização, ou deixar de derramar fel, e assumir o problema como sendo seu. Só esse caminho recupera a vida. Só aí os nossos olhos escolhem voltar à transparência em vez de se amarrarem indefinidamente na mágoa e no ressentimento. Não há uma vida espiritual amadurecida que não seja capaz de olhar para a sua vida de frente, numa visão integradora do que foi bom e do que correu mal, fazendo de tudo ocasião para o louvor e ação de graças.

> Senhor, dou-te graças pelo percurso que aconteceu, como aconteceu. Dou-te graças pela minha história, sempre que as idealizações tombam, porque foi assumindo a trave que eu trazia que passei a ver. O meu caminho de conversão é também a minha jornada de aceitação. A cura só se dá quando reconheço que preciso ser curado, ir mais longe, viver mais a fundo.

Quando atiramos uma pedra e ela encontra uma resistência, pode saltar imprevistamente ainda mais longe. A verdade é que os atritos na nossa história foram oportunidades para a compaixão, o amadurecimento, o perdão.

Desenganemo-nos, portanto: a nossa questão não é com aquela nem com aquele, nem com aquilo. Isso já ficou para trás há muito tempo. A nossa questão é com o sentido de tudo. A nossa questão é com Deus. Devemos concentrar aí a nossa força. Lembro-me da história dos dois monges que vão de viagem. À beira de um rio, encontram uma mulher, que lhes pede para ir às costas de um deles até a outra margem, porque não há ali barco algum. E um deles se oferece imediatamente e leva a mulher para o outro lado. Após colocar a mulher no chão e se despedirem, o outro monge começa a corrigi-lo, dizendo: "De nenhuma maneira deverias ter feito aquilo". E insiste na admoestação ao longo de quilômetros, até que o monge carregador diz: "Eu transportei a mulher de uma margem à outra do rio. Você, porém, continua a carregá-la até aqui". De fato, arrastamos questiúnculas para lá do razoável; por anos e anos, dobramo-nos a pesos e a fantasmas apenas porque o nosso olhar ainda não se converteu.

O Evangelho de São João é designado como o Evangelho da fé, mas a fé não é ali uma coisa estática. É, antes, um dinamismo, um movimento endereçado à pessoa de Jesus; é acreditar nele e confessá-lo como Filho de Deus. João é o Evangelho da fé porque é também o Evangelho do olhar. Mas nessa narrativa, onde a fé ocupa de fato um lugar central, há como que uma sombra, desde o princípio anunciada. A sombra da incredulidade.

Apesar da revelação que Jesus faz de si, apesar da sua presença e dos sinais, há uma incapacidade de ver que aprisiona os corações à descrença. "O Verbo era a Luz verdadeira, que, ao vir ao mundo, a todo homem ilumina. Ele estava no mundo e por ele o mundo veio à existência, mas o mundo não o reconheceu. Veio para o que era seu, e os seus não o receberam" (Jo 1,9-11). Todo o dramatismo nos é narrado pelo confronto destes possessivos: veio ao que era *seu*, e os *seus* não o reconheceram. Mas, tal como a serpente que Moisés levantou no deserto, também aquele que foi levantado da terra atrairá o nosso olhar e curará o nosso coração. A fé é uma grande escola do olhar.

SÓ COMEÇAMOS A VER QUANDO REPARAMOS

Gosto da palavra reparar, pois transporta para o ato de ver uma multiplicidade de sentidos e uma ética. Reparar introduz-nos por si só numa lentidão, porque aquilo a que alude não é um observar qualquer: é um ver parado, um revisar porventura mais minucioso do que o simples relance; é uma visão segunda, uma nova oportunidade concedida não apenas ao objeto, nem sequer apenas ao olhar, mas à própria visibilidade, isso que Merleau-Ponty dizia ser o único enigma que a visão celebra. Mas reparar é mais do que isso: põe também em prática uma reparação, um processo de restauro, de resgate, de justiça. Como se a quantidade de meios olhares e sobrevoos que dedicamos às coisas fosse lesiva dessa ética que permanece em expectativa no encontro com cada olhar. Por isso, de certa forma, só quando reparamos começamos a ver.

ABRA OS OLHOS

"Não vos preocupeis com a vida" (Lc 12,22), diz-nos Jesus. E isso nos parece a coisa mais paradoxal e inesperada que possamos ouvir, porque vivemos preocupados, claro, porque não nos libertamos nunca dessa preocupação, que se torna o grande motivo da nossa existência. E vem Jesus dizer-nos: "Não vos preocupeis". Em certo momento parece que a única coisa que sabemos fazer bem é nos preocuparmos com a vida. Já não sabemos criar, já não sabemos projetar, sorrir sem mais, estar verdadeiramente com os outros, passear sem um motivo determinado, rezar... Sentimos o peso da vida, a responsabilidade por cada coisa, fazendo contas, buscando seguranças. E por que Jesus fala assim? Ele se explica: "A vida é mais que o alimento, e o corpo mais que o vestuário" (Lc 12,23). A preocupação que nos devora não é, então, na opinião de Jesus, uma preocupação com a vida, mas com a subsistência. E em certo momento já nem é pela subsistência, nem mesmo se sabe bem pelo que é. O Senhor vem dizer-nos: a vida é mais do que a sua casa, do que o trabalho, do que as perspectivas de reforma, mais do que as coisas que ajunta, a vida é mais. Se não sentirmos isso como uma verdade que apaixona, que salva, então queimamos a vitalidade da vida, a sua promessa, esgotamos tudo numa luta inútil. É quando percebemos que a vida é mais, que deixamos de viver tão preocupados com o mínimo, tão prisioneiros dos pormenores ridículos que nos escravizam. Somos como um bando de formigas caminhando em fila, administrando grãozinhos como se fossem toda a realidade.

A proposta de Jesus é simples: abra os olhos. "Reparai nos corvos: não semeiam nem colhem, não têm despensa nem celeiro, e Deus os alimenta" (Lc 12,24); "reparai nos lírios, como crescem! Não trabalham nem fiam; pois eu vos digo: nem Salomão, em toda a sua glória, se vestiu como um deles" (Lc 12,27). Isto de abrir os olhos para a vida é muito importante. E é muito raro. Nós estamos de olhos fechados e só vemos o que queremos ver. Ora, é preciso abrir os olhos para que o medo dê lugar à alegria. Nós nos sufocamos nas vidinhas que arranjamos para viver. Mas não admira vivermos infelizes. Pudera! A vida é mais.

Reparemos na pedagogia de Jesus: "Olhai as aves no céu", "olhai os lírios". É o estilo de Jesus que impressiona, porque revela o que ele é. Jesus não diz: olhe para a pessoa mais rica, ponha os olhos na pessoa mais bem-sucedida, ou mesmo na mais sábia. Jesus vai mais longe. Manda-nos confrontar com aquela beleza gratuita, a beleza sem mais, que nasce do ser. A beleza de um pássaro é a beleza que nasce do seu ser. Um pássaro não pode pôr um chapéu, um lírio não pode mudar de pétalas. O pássaro não acumula tesouros, nem o lírio tem um guarda-roupa. Eles são só aquilo e vivem o que são. Não se trata, por isso, de uma montagem de adereços, mas de uma descoberta do que existe em nós.

Carregamos a vida de coisas, indispensáveis e, sobretudo, dispensáveis, tralha impura que nos prende. E depois, às tantas, estamos seguros, estáveis, garantidos, mas já não estamos, já não somos, porque hipotecamos a nossa verdade fundamental a todas as preocupações. Um dos nossos problemas são os círculos sem saída que vamos construindo, e que são prisões invisíveis que explodem com a nossa liberdade. Queremos controlar e dizemos: a minha vida vai ser assim, a minha vida tem de ser deste modo. E depois não temos liberdade. Porque a vida não é assim nem é o que ela poderia ser. Por que não perceber, então, o caminho paradoxal da vida? Quando entrego a vida é que ela se multiplica. A nossa grande tentação é pedir: "Pai, me dá isto"; "Pai, me dá aquilo". Mas o importante é confiar e entregar, entregar o que somos. Na parábola do filho pródigo coexistem essas duas imagens. A imagem daquele que diz: "Dá-me a parte dos meus bens" (Lc 15,12). E a imagem daquele que diz, desistindo de qualquer reivindicação: "Pai, pequei contra o céu e contra ti, já não sou digno" (Lc 15,21). E então o pai diz: "Este meu filho estava morto e reviveu" (Lc 15,24).

"Não vos preocupeis com a vida" é sinônimo de "entreguem a vida". E este é um ponto decisivo na nossa identificação com Jesus. A espiritualidade não é mais uma preocupação entre outras. Acontece-nos ter, entre todas as preocupações, também a de sermos pessoas religiosas. Mas não é isso. A espiritualidade não é uma entre as nossas preocupações, nem sequer deve ser a principal. A mística verdadeira é a que se experimenta no abandono, e só aí.

PODER OLHAR-ME A MIM

É interessante, na continuação da literatura joanina, termos o livro do Apocalipse, onde o próprio Cristo fala, na primeira pessoa, às igrejas da Ásia. Cristo é aquele que transmite o conhecimento e nos devolve a visão. Em Ap 3,15-18, ele se dirige assim à igreja de Laodiceia:

> Conheço as tuas obras: não és frio nem quente. Oxalá fosses frio ou quente. Assim, porque és morno – e não és frio nem quente –, vou vomitar-te da minha boca. Porque dizes: "Sou rico, enriqueci e nada me falta" – e não te dás conta de que és um infeliz, um miserável, um pobre, um cego, um nu –, aconselho-te a que me compres ouro purificado no fogo, para enriqueceres, vestes brancas para te vestires, a fim de não aparecer a vergonha da tua nudez, e, finalmente, o colírio para ungir os teus olhos e recobrares a vista.

Precisamos adquirir o colírio, o próprio Jesus, para recuperar a vista. Mas precisamos "cair em nós" e perceber que a autossuficiência é uma ilusão nossa, que a nossa situação é de fraqueza, carência e imperfeição. Dizia Isaac, o Sírio:

> Bem-aventurado o homem que conhece a sua própria fraqueza; bem-aventurado aquele que diz "eu sou um infeliz, eu sou um miserável, eu sou pobre, eu sou cego, eu sou mudo"; bem-aventurado o homem que conhece a sua própria fraqueza. Aquele que conhece os seus pecados é maior que aquele que ressuscita mortos pela sua oração; aquele que chora uma hora sobre os seus pecados é maior do que aquele que está a serviço do mundo inteiro; aquele que foi julgado digno de se ver tal como é é maior do que aquele a quem foi concedido ver os anjos.

Mais importante do que ver os anjos é eu poder olhar-me a mim, como sou, porque essa é condição para que Cristo atue.

NÃO DESISTAS DE OLHAR O MUNDO PELOS OLHOS DE DEUS

Num determinado momento a filósofa Simone Weil sentiu que, para ser fiel à condição dos outros homens, para comungar verdadeiramente a condição dos desventurados, não podia ficar simplesmente ensinando Filosofia, mas teria de compartilhar a vida concreta do operariado. Então, durante oito meses trabalhou como operária. Primeiro na fábrica Alsthom (entre dezembro de 1934 e abril de 1935), depois, e por um mês apenas, na Carnaud, até ser admitida na fábrica de automóveis Renault.

Esse tempo constituiu para ela uma experiência radical. Se por um lado a sua fragilidade física e o fato de não estar habituada até então à atividade manual tornaram previsivelmente dramático o seu dia a dia, a verdade é que o seu sofrimento maior era o espiritual. O ideal a que ela aspirava está bem patente no diário em que relata essa sua experiência: "Que, para cada um, o seu próprio trabalho seja um tema de contemplação". Ora, é isso precisamente o que ela descobre que lhe está vedado na fábrica, pois ali o dever número um, pelo qual todos vinham recompensados ou punidos, era a velocidade de produção, monótona, maquinal, desumanizada. Simone escreve:

> O abatimento acaba por me fazer esquecer as verdadeiras razões da minha estadia na fábrica, mostra-se-me como quase invencível... É só aos sábados à tarde e aos domingos que voltam ao meu pensamento recordações, fragmentos de ideias, e me lembro então que sou também um ser pensante.

Se a única coisa que conta é que o homem possa funcionar mecanicamente, colocado como peça numa engrenagem, isso representa, mais cedo ou mais tarde, a destruição do próprio homem. É isso que Simone Weil testemunha.

A Bíblia fala muitas vezes do trabalho humano e até mesmo começa narrando a atividade laborativa de Deus. O primeiro capítulo do livro do Gênesis mostra-nos um Deus que opera diligentemente ao longo do arco temporal de uma semana. Mas é importante observar que o trabalho de Deus só fica completo quando Deus, como que se destacando da sua própria obra, a contempla na sua bondade original, e vê que tudo é muito bom (ou muito belo). "Que, para cada um, o seu próprio trabalho seja um tema de contemplação", desejava Simone. Não é sem razão que o texto que inaugura a revelação bíblica é uma espécie de poema do olhar. Não apenas com o seu fazer, mas também com o seu olhar, Deus confirma, revela, desvela a bondade intrínseca da criação.

Os estudos bíblicos têm-nos ajudado a perceber o papel de pivô desempenhado pelo verbo "separar": Deus cria separando. Separa as águas superiores das inferiores, divide as diversas luzes, cria individualidades, existências e missões distintas. Mas dessa separação nasce, também, a possibilidade de Deus *des-cobrir*, retirar o véu que cobre a bondade ou a beleza de cada criatura. Assim, por detrás de todo o criado existe o olhar enamorado de Deus, o seu olhar extasiado sem instrumentalizações, sem outra finalidade que não seja enunciar a plenitude. Um exercício espiritual importante é nós percorrermos, com o nosso olhar, a criação, a nossa e a do mundo, ao encontro do olhar maravilhado de Deus. A escritora Karen Blixen narra-o magnificamente numa das páginas do seu romance *África minha*:

> Quando sobrevoamos os planaltos africanos, desfrutamos de um panorama deslumbrante: extraordinárias combinações e trocas de luz e de cor, o arco-íris sobre a terra muito verde banhada de sol, nuvens gigantescas acasteladas e grandes tempestades selvagens e negras giram ao nosso redor numa dança ou numa corrida louca. Aguaceiros violentos cortam obliquamente o ar. Não existem palavras para descrever tal experiência e, com o tempo, ter-se-ão de inventar novos vocábulos para a descrever... Outras vezes, podemos voar suficientemente baixo para ver os animais nas planícies e para partilharmos dos sentimentos que Deus deve ter experimentado no momento em que os acabou de criar.

OS OLHOS TÊM DOIS OFÍCIOS

"Notável criatura são os olhos!", pregou o Padre Antônio Vieira. E explicava: "Todos os sentidos do homem têm um só ofício; só os olhos têm dois.

O ouvido ouve, o gosto gosta, o olfato cheira, o tato apalpa, só os olhos têm dois ofícios: ver e chorar" (*Sermão das lágrimas de São Pedro*, § II). As lágrimas que os olhos derramam são um traço tão pessoal como o olhar, ou o mover-se, ou o amar. São um mapa íntimo. Temos muitas maneiras de chorar, e o modo como o fazemos nos define e expõe. Ao chorar, mesmo na solidão mais estrita, nós nos dirigimos a alguém: esforçamo-nos para que ninguém veja que choramos, mas choramos sempre para um outro ver. "Pelas minhas lágrimas conto uma história", escreve Roland Barthes em *Fragmentos de um discurso amoroso*.

Os evangelistas apresentam Jesus chorando por um amigo (cf. Jo 11,35) e pelo destino de uma cidade, Jerusalém (cf. Lc 19,41). Por ele choram Pedro (cf. Mt 26,75) e as mulheres perante o inaceitável espetáculo da cruz (cf. Lc 23,28). Certa ocasião, uma mulher, de que não se sabe sequer o nome, interrompeu uma refeição da qual Jesus participava para que suas lágrimas suprissem um rito da hospitalidade negada (Lc 7,36-50). A importância do pranto transmitiu-se à espiritualidade cristã. As lágrimas tornaram-se a marca dessa "tristeza segundo Deus", que não é, como primeiro explicou Orígenes, uma qualquer tristeza voluntária, mas "uma dor permanente provocada pela dor do pecado", uma sede da alma, um úmido silêncio espiritual que refresca as labaredas da carência de Deus. Construiu-se mesmo toda uma literatura devocional para suplicar "o dom das lágrimas". O filósofo Emil Cioran disse, certa vez, que as lágrimas são aquilo que permite a alguém ser santo, depois de ter sido homem.

A CONTEMPLAÇÃO COMEÇA QUANDO ACEITAMOS QUE NÃO SABEMOS VER

A contemplação começa quando aceitamos que não sabemos ver, que a nossa visão é parcial e pobre, que vemos sempre "como que por espelho e de maneira confusa" (1Cor 13,12). A contemplação não é uma sabedoria onde nos instalamos: é antes uma forma de exposição desarmada do olhar, uma colocação sem reservas, uma aprendizagem sempre a ser refeita, um despojamento dos porquês em face dos instantes. Simone Weil diria que só contemplaremos uma maçã quando não tivermos a intenção de comê-la. Esse é o armistício capaz de desencadear o espanto.

ACEDER À PROFUNDIDADE DA VIDA

Talvez os seus milhões de leitores ignorem, mas o lugar mais provável para a criação de *O Pequeno Príncipe* foi uma cama de hospital em Nova York, onde Saint-Exupéry se tratava de sequelas complicadas dos acidentes que havia sofrido. Um amigo tinha-lhe oferecido uma caixa de aquarelas. Na indefinição daquele exílio americano, preso à solidão da longa internação, ele teria esboçado a parábola do viajante-menino apaixonado por sua rosa. Saint-Exupéry conhecia demasiado bem o desenraizamento espiritual do mundo moderno, sustentado mais em consumir do que em consumar, o fosso instalado entre técnica e humanidade, a acumulação de conhecimentos e a escassez de sabedoria. O seu projeto é levar-nos até o deserto exterior, para que nos demos conta da desertificação interior que se apodera de tudo e, assim, reacendermos em nós a sede e o desejo.

É comum associar *O Pequeno Príncipe* a uma visão jubilosa, mas também bastante ingênua, do que é viver. Quando arriscamos a leitura, porém, não é que essa expressão intensamente solar se desapareça, mas é como que se torna complexa, amadurece, torna-se real. Unir dor e alegria na mesma visão da existência, ligar paciência e grito no mesmo olhar, perceber que estão costuradas com idêntica linha a noite mais áspera e a leveza do riso (ou vice-versa) são aprendizagens que nos fazem aceder à profundidade da vida.

"ESPELHO, ESPELHO MEU"

Pensemos na história da *Branca de Neve*. Aquela madrasta que se vê continuamente no espelho e pergunta "Espelho, espelho meu, há alguém mais bela do que eu?" retrata a nossa visão. Sempre que o nosso olhar se detém sobre nós, sempre que reduzimos a vida a espelhos que confirmem a nossa ilusão de poder ou de autossuficiência, é aí que estamos. Esquecemo-nos, porém, que os espelhos refletem imagens planas, sem aquela profundidade que provém apenas do mergulho na inteireza. Enganamo-nos a nós mesmos julgando que nos espelhos avulsos que nos cercam vemos a realidade, quando sabemos que ela nos é revelada apenas em parte, e numa parte não isenta de ambiguidade. "Como se opera em nós a transformação do olhar?" é o que deveríamos perguntar. E pensar naquilo que Marcel Proust escreveu: "A verdadeira viagem de descoberta não consiste em buscar novas paisagens, mas em adquirir um novo olhar".

AS MAÇÃS DE CÉZANNE

Um artista é um mestre do olhar. Gosto de pensar Cézanne assim. Ele viveu narrando a apaixonada visualidade do mundo, mas mantendo-se à procura (em cada paisagem ou figura, em cada maçã) de alguma coisa que nunca se toca completamente. "O que eu procuro traduzir é mais misterioso, enxerta-se na própria raiz do ser, na fonte inapreensível das sensações", explicava. Pintava sempre os mesmos objetos, e pintava-os por eles mesmos, pela sua ressonância espiritual. Tinha por técnica a sobreposição de cores sucessivas, que não se misturavam. Para obter tal efeito, precisava esperar que a primeira tinta secasse a fim de introduzir a seguinte: um processo extraordinariamente lento, rigoroso e, claro, contemplativo. Concentrava-se na cor, sintetizava nela a experiência de revelação e a tomada de consciência das coisas. "A montanha pensa em mim, e eu me torno a sua consciência" era um dos seus lemas. Por isso, aquele que disse que, "suspensas entre a natureza e a utilidade, [as maçãs de Cézanne] existem apenas para serem contempladas", não se enganou. Essas maçãs que podiam simplesmente estar sobre a nossa mesa são uma espécie de exercício proposto ao olhar. Essas pequenas esferas, leves e maciças, desenhadas nas frestas invisíveis da luz, iluminam o nosso modo instável de segurar o escuro.

ESPERAR PARA VER FLORIR

Lembro-me de uma história de Federico Fellini, que ouvi sendo contada por Tonino Guerra. Um dos hábitos do cineasta era chegar a qualquer encontro, fosse para uma reunião de trabalho, fosse para um jantar de amigos, bem antes da hora aprazada. Chegava no lugar e punha-se a fazer hora, caminhando prazenteiro e sem dar sinais de coisa alguma ao longo da rua, para lá e para cá. Quando os amigos o surpreendiam nisso e lhe perguntavam por que não tinha batido à porta imediatamente, a resposta era semelhante à do fotógrafo: o prazer de esperar.

A nossa cultura, que mitifica (ingenuamente) a eficácia e o utilitarismo, há muito cancelou o valor da espera. Os prazos ansiosos que incorporamos consideram-na um atraso de vida, uma excrescência irritante, antiquada e obsoleta. Esperar por quê? Do *prêt-à-porter* ao *prêt-à-manger*,[1] da comunicação em tempo real ao experimentalismo instantâneo dos afetos: a espera tornou-se um peso morto, com o qual não sabemos lidar, e que é preciso descarregar borda fora. Talvez este desejo de instantaneidade seja em nós um dissimulado reflexo defensivo, o medo crescente de que num mundo acelerado não exista afinal ninguém nem coisa alguma que nos espere. Quando todos vivem altamente pressionados, tudo se torna arriscadamente precário – é o que vamos constatando. Mas por dentro, com hesitação, e sem falar disso.

---

[1] Do *pronto para vestir* ao *pronto para comer* (N.E.).

Nós nos damos por hipermodernos, polivalentes, aparelhados de tecnologia como uma central ambulante, multifuncionais, mas sempre mais dependentes, perfeccionistas, mas sempre insatisfeitos, vivendo as coisas sem poder refleti-las, próximos da atividade extenuante e, no fundo, distantes da criação. Precisaríamos talvez dizer a nós mesmos, e uns aos outros, que esperar não é necessariamente uma perda de tempo. Muitas vezes é o contrário. É reconhecer o seu tempo, o tempo necessário para ser; é tomar o tempo para si, como lugar de amadurecimento, como oportunidade reencontrada; é perceber o tempo não apenas como enquadramento do sentido, mas como formulação em si mesma significativa. Por exemplo, quem não aceitar a impossibilidade de satisfação imediata de um desejo dificilmente saberá o que é um desejo (ou, pelo menos, o que é um grande desejo). Quem não esperar pacientemente pelas sementes que lançar na terra jamais provará a alegria de vê-las florir.

OLHAR AS CRIATURAS

Um dos textos mais comoventes que conheço é uma carta de Rosa Luxemburgo, escrita pelo Natal a uma amiga sua, a partir da prisão feminina de Breslau, poucos meses antes de ser executada. Chegava ao fim aquele paradoxal ano de 1917, e poucos arriscavam dizer com segurança para onde era arrastado o mundo de então. O texto de Rosa Luxemburgo mantém um compromisso explícito com tal contexto histórico fazendo a defesa da revolução em curso na Rússia, contra a perspectiva oferecida "pelos correspondentes dos jornais burgueses", que descreviam a situação ali instalada como o desencadear da loucura. Esta é certamente a parte mais datada, parcial e envelhecida da carta. Rosa consegue ser profética em relação à Alemanha, antevendo, por exemplo, a possibilidade de um *pogrom*,[2] mas não da mesma maneira em relação à Rússia.

---

[2] Conforme o *Dicionário eletrônico Houaiss da língua portuguesa 3.0:* 1. Na Rússia czarista, série de pilhagens, agressões e assassinatos cometidos contra uma comunidade ou minoria,

Na verdade, o que faz da sua carta, para citar palavras de Karl Kraus, um "documento de humanidade e poesia" que deveria ser ensinado "às gerações futuras", são as duas partes seguintes. Tratava-se do terceiro Natal que a filósofa e sindicalista passava na prisão. Ela procura para si uma árvore de Natal, mas tudo o que encontra é um mísero e despojado arbusto, que ainda assim transportou para a cela. E isso a fez interrogar também a "ébria alegria" que mantinha no meio daquele inferno, essa espécie irredutível de confiança que nela persistia apesar do desconforto e da desolação. E escreve nessa noite:

> Estou aqui estendida, sozinha e em silêncio, enrolada no múltiplo e negro lençol de obscuridade desta prisão, em pleno inverno, contudo meu coração pulsa de uma alegria interior desconhecida e incompreensível, como se caminhasse sob um sol radioso num prado em flor. [...] Em momentos assim penso em vocês e em quanto me agradaria transmitir-lhes a chave deste encantamento para poderem ver sempre, e em todas as situações, aquilo que na vida é belo e alegre.

E quando mais profundamente se pergunta o porquê, declara isto: "Não tenho razão para esta injustificável alegria, nem sei de outro segredo senão a própria vida".

A última parte da carta não é menos inesquecível. Rosa Luxemburgo assiste à chegada de carroças de mantimentos, arrastadas por búfalos capturados na Romênia e exibidos como um troféu. E, pela primeira vez, repara na dor indizível dos animais. É um choque e uma revelação. Quando se atreve a pedir "um pouco de compaixão" para as criaturas extenuadas, o cocheiro responde-lhe com violência: "Nem para os homens há compaixão". E, diante dela, castiga mais duramente os búfalos.

O olhar de Rosa Luxemburgo fixa-se, então, no de um deles. O animal sangrava, mas permanecia imóvel, com os olhos mais mansos que ela alguma vez conhecera. E nesses olhos ela identificou um desamparo

---

especialmente os judeus, e geralmente com o beneplácito das autoridades. 1.1 Todo movimento popular de violência dirigido contra uma comunidade étnica ou religiosa; carnificina ou massacre genocida organizado, especialmente de judeus (N.E.).

semelhante ao de uma criança que tivesse chorado, sem que fosse ouvida por longo tempo.

> Era de fato a expressão de uma criança punida duramente, sem perceber nada do que lhe está acontecendo, e sem conseguir subtrair-se ao tormento de uma violência brutal. Eu estava diante dele, e o animal me olhava. Soltaram-se em mim lágrimas que eram, afinal, as dele. Pelo irmão mais amado não teria chorado mais dolorosamente do que ali chorei, combalida, sem conseguir afastar-me daquele sofrimento indizível.

Na empatia que ligava agora aquela mulher a um anônimo animal ferido nascia uma nova forma de resistência à brutalidade e à barbárie. Naquela "grandiosa guerra que tinha diante dos seus olhos" Rosa Luxemburgo compreendia que uma comunhão entre os seres humanos e as outras criaturas é não apenas possível, mas urgente e necessária.

CONSTRUIR A ATENÇÃO

Todos contaremos com a experiência de ter estudado narrativas enfadonhas de inutilidade comprovada, e decorado, a pedido, notas de rodapé inacreditáveis: genealogias mais compridas que a história que narram, fórmulas presunçosas, conceitos que têm de validade a vida de um fósforo. Para que é que isso serviu? Não quero desanimar ninguém, mas Kant dizia que um dos ganhos da escola é ensinar as pessoas a permanecerem sentadas. Parece pouco, não é?

Um dos textos mais extraordinários de Simone Weil é aquele intitulado "Reflexões sobre o bom uso dos estudos escolares em vista do amor a Deus". Ela mostra que a aridez de tantos exercícios, o atraso de vida que em determinado momento da vida nos parece o Latim, ou a Geometria, o investimento aparentemente desperdiçado por estradas secundárias torna-nos, sem nos darmos bem conta disso, viajantes dignos desse nome. Cada exercício escolar, por mais que o julguemos incapaz de produzir algum efeito, representa uma maneira específica de esperar a verdade com desejo. São suas estas palavras:

> Se procuramos com verdadeira atenção a solução de um problema de geometria e, ao fim de uma hora, não avançamos mais do que no começo, avançamos todavia, durante cada minuto dessa hora, numa outra dimensão mais misteriosa. Sem que o sintamos, sem que o saibamos, este esforço aparentemente árido e inútil introduziu mais luz na alma.

As procuras e aquisições fundamentais da vida nos pedem um olhar não só ao imediatamente útil, mas ao gratuito, àquilo que fazemos por razões que sabemos e que desconhecemos, àquilo que só o futuro poderá entreabrir e esclarecer.

A CADA INSTANTE REAPRENDEMOS

Considero muito útil a explicação que Merleau-Ponty propõe sobre a atenção. Segundo ele, a atenção não é propriamente uma associação de imagens ou o retorno a si de um pensamento já senhor da representação dos objetos que julgou colher. A atenção é a constituição ativa de um tempo onde, a cada instante, o objeto é reaprendido. Que diremos a isto, nós que nos instalamos no saber de ontem para julgar o instante de hoje?

OLHA TUDO DE NOVO PELA PRIMEIRA VEZ

A definição mais exata que conheço de viajante devo-a a Jacques Lacarrière, que o descrevia assim: "O verdadeiro viajante é aquele que, a cada novo lugar, recomeça a aventura do seu nascimento". Creio firmemente que o que está em jogo na viagem é esta tentativa, mais consciente ou implícita, de reconstrução de si, mesmo se as viagens nas sociedades de consumo se tornaram avulsas, formatadas, previsíveis e mais próximas da evasão eufórica que da interrogação. Contudo, as fronteiras exteriores nos reenviam de forma persistente para uma fronteira interna, e há de ser sempre assim. A geografia tende inevitavelmente a tornar-se metafórica, e não há quem caminhe sobre o mundo que não acabe, em um certo momento, por dar-se conta, talvez com alegria, talvez com dor, que vem caminhando, sobretudo, dentro de si. "Amargo conhecimento é aquele que se tira da viagem", dizia Baudelaire com o seu pessimismo avisado. Mas mesmo desse conhecimento amargo nós precisamos, na justa porção, para tecer a inacabada inteireza do que somos.

Desenganem-se os que têm as viagens apenas por exteriores. Não é simplesmente a cartografia da paisagem que os homens palmilham. Deslocar-se, querendo ou não, implica uma mudança de posição; uma alteração do ângulo habitual; uma exposição ao diverso; um amadurecimento do próprio olhar; um reconhecimento de que alguma coisa nos falta; uma adaptação a realidades, tempos e linguagens, ou a descoberta de uma incapacidade para tal; um confronto indispensável; um diálogo tenso ou deslumbrado que nos deixa, necessariamente, com uma tarefa futura. A experiência da viagem é a experiência da fronteira e do aberto, de que cada um de nós precisa para ser. Ela pode expressar apenas um estado de alma, um traço, constituir um sintoma, mas pode também relançar eficazmente o desejo, instaurando um corte providencial. Nesta multiplicidade de sentidos possíveis a viagem emerge como dispositivo hermenêutico fundamental, ao mesmo tempo janela e espelho.

É a nossa consciência que passeia, descobre cada detalhe do mundo e olha tudo de novo como pela primeira vez. A viagem é uma espécie de propulsor desse olhar novo. É uma lente. É um observatório levantado sobre a vida plana. Por isso a viagem é capaz de introduzir na nossa existência, e nos seus quadros rotineiros, elementos que provocam o refazimento do contexto, que é um outro modo de se referir à aventura do nascimento, que para cada pessoa está em desenvolvimento, que nunca se encerra.

O QUE É QUE EU VI?

Muitas vezes, em horas avançadas da vida, assalta-nos a tentação de achar que tudo se passou e nada se construiu, que não há verdadeiramente um fundamento. Olhamos para as nossas mãos e estão vazias, nuas, e a tentação é dizer: "Será que valeu a pena?", "será que eu vivi verdadeiramente?", "o que é que eu escutei?", "o que é que os meus olhos viram?".

MENDIGOS OLHANDO A LUA

A felicidade não é argumento que nos ocupe exageradamente. Contudo, precisamos desesperadamente dela. O escritor Milan Kundera escreveu que só há realmente uma pergunta importante a fazer: "Por que é que não somos felizes?". Sabemos isso, mas fazemos tudo para nos colocar a milhas de conversa assim. Preferimos atirar a felicidade para o plano do acaso ou das superstições, como se ela dissesse respeito à matemática caprichosa do destino, mais do que às contas que nos cabem. Conformamo-nos com o fato de ser um bem tão desejado quanto escasso. Olhamo-la, por vezes, como os mendigos olham para a lua, sem saber bem o que pensar dela e de nós, aceitando no fundo que a felicidade talvez não seja deste mundo, mas sem deixar de ficar confusos por vermos o seu brilho tão perto. Mas daí a aceitar que a felicidade supõe uma aprendizagem, um conhecimento ou uma competência é um passo que resistimos a dar. É certo que essa resistência tem muito de cultural. As nossas sociedades, que são de uma crendice beata em relação à técnica e a tudo o que dela provenha, praticam um agnosticismo militante em relação às possibilidades de cada ser humano construir-se e consumar-se de um modo feliz. Sobre a felicidade parece que não temos nada para dizer uns aos outros. Sobre o bem-estar sim. Sobre a prosperidade, mesmo que mitificada, sim. Mas nem nos apercebemos de como, na dança entre gerações, fica um vazio muito grande: nós não sabemos se os nossos pais foram felizes, nunca conversamos sobre isso, nem os nossos pais venceram o pudor social, ou o que quer que isso seja, para saber o que vivemos ou não, como nos sentimos, como fomos humanos afinal.

A COR DO QUE NÃO CHEGAMOS A VER

O azul permaneceu por longo tempo, no Ocidente, uma cor invisível. A sua dimensão simbólica era pouco desenvolvida e o seu impacto, tanto na vida social como na criação artística, praticamente desconhecido. Numa passagem da sua *História natural*, Plínio afirma que a melhor pintura concentra a sua paleta em quatro colorações, e nenhuma delas é o azul. Sabe-se que os egípcios aplicaram discretamente o azul em uma ou outra de sua arte funerária, e que para eles, como para outros povos do Antigo Oriente, o azul era considerado uma cor benéfica, um quase amuleto para contrariar as forças do mal. Essa ideia não migrou, porém, para os romanos, que a julgaram um duro capricho oriental (leia-se, bárbaro). Em tons claros, o azul era desajeitado e desprovido de graça, e o seu tom escuro era inferior, pessimista e inquietante. Em Roma, considerava-se que vestir azul era falta de etiqueta ou sinal de luto. E ter olhos azuis era uma espécie de calamidade biológica da qual todos se compadeciam.

Mas, depois do ano 1000, o azul será resgatado, e altera-se o seu estatuto. O recurso ao azul na iconografia da Virgem Maria funciona como gatilho da mudança. Pouco a pouco, o azul ganha condição, leveza, torna-se límpido e luminoso, positivo e festivo. O extraordinário incremento do culto mariano vulgariza o azul em outros âmbitos. Por exemplo, os reis começam também a vestir azul – e não apenas os lendários, como o rei Artur (que surge sempre trajado assim) –, no que são admirados e seguidos pela nobreza. Quando se democratiza, o azul torna-se, tal como o negro, uma cor moral: cor da honestidade e da temperança, cor do céu e do espírito. Daí a atingir a condição de cor preferida e onipresente no gosto de épocas sucessivas é um passo curto de séculos. Azul era o terno do jovem Werther, o protagonista do romance que Goethe publicou em 1774, e que arrastou uma multidão de imitadores pela Europa inteira. Azul era a flor de Novalis, que a impôs como um dos símbolos mais ambicionados e duráveis do movimento romântico. Obrigatoriamente azuis eram os uniformes militares no novo regime instaurado pela Revolução Francesa. Azul era, na Inglaterra e nos Estados Unidos, o intervalo de convívio entre deixar o escritório e chegar em casa ao fim do dia, suavemente passado por bares e cafés. Azuis são os *jeans* que, na década de 1860, a Levi Strauss comercializa e que servirão de vestimenta aos vindouros.

Se perguntarmos hoje a uma criança que cor tem o céu, o mais razoável é ouvirmos: "Azul". Mas nem sempre foi assim. Mestres indiscutíveis do espírito ocidental, tais como Aristóteles, Lucrécio ou Sêneca, descreviam o céu como sendo vermelho, amarelo, violeta, verde, laranja. Era desse modo que o observavam, aplicando aí o rigor analítico que lhes reconhecemos. O que só torna mais denso o enigma. Nenhum deles menciona o que depois, para nós, se tornou óbvio. Isso leva o historiador das cores Michel Pastoureau a interrogar se os homens e as mulheres da Antiguidade chegaram a ver o azul, ou se alguma vez o viram como nós o vemos. Uma coisa parece certa: as cores não são apenas fenômenos naturais, são também fruto de uma construção humana e cultural complexa. O azul que esteve diante dos olhos de Aristóteles, e que ele não contemplou, nos faz pensar naquilo que está hoje patente e acessível a nosso lado sem que nos demos conta. Pela vida fora há, por isso, uma humilde dúvida que temos de conservar: que cor tem o céu que não chegamos a ver?

OLHAR SEM MEDO PARA O FUTURO

Um mestre do estudo da História, José Mattoso, diz que ela própria mostra que não basta a ação; é preciso também a contemplação. E talvez mais ainda: que sem a contemplação de nada vale a ação. A contemplação é, contudo, uma prática exigente. Requer opções a que nos desacostumamos: a concentração, o despojamento, o silêncio, a solidão criativa. Exige de quem a abraça uma verdadeira, e nem sempre fácil, descentralização de si. Mas Mattoso afirma, com razão, que, "enquanto houver seres humanos que a ela se entregam, de alma e coração, podemos olhar sem medo para o futuro".

MAL VEJO UMA NUVEM

Na primavera de 1689, o poeta Matsuo Bashô partiu para a sua viagem mais longa. Teria quarenta e cinco anos de idade, não era propriamente um rapaz. Calcula-se que tenha percorrido, a pé, mais de dois mil e quinhentos quilômetros durante os dois anos e meio que durou sua peregrinação. No prólogo do diário que o acompanhou, deixou escrito:

> Os meses e os dias são viajantes da eternidade. Assim como o ano que passa e o ano que vem. Para aqueles que se deixam flutuar a bordo de barcos ou envelhecem conduzindo cavalos, todos os dias são viagem e a sua casa é o espaço sem fim. Dos homens do passado, muitos morreram em plena rota. A mim mesmo, desde há anos, me perseguem pensamentos de vagabundo, mal vejo uma nuvem arrastada pelo vento.

Bibliografia

AGOSTINHO. *Confissões*. Lisboa: Imprensa Nacional-Casa da Moeda, 2004.

ANDRESEN, Sophia de Mello Breyner. *Contos exemplares*. Porto: Figueirinhas, 1962.

ANTUNES, Carlos Maria. *Só o pobre se faz pão*. Lisboa: Paulinas, 2011.

BASHÔ, Matsuo. *O caminho estreito para o longínquo norte*. Lisboa: Fenda, 1995.

BASÍLIO DE CESAREIA. *Regole morali*. Roma: Cittá Nuova, 1996.

BATAILLE, Georges. *L'expérience intérieure*. Paris: Gallimard, 1954.

BENTO DE NÚRSIA. *La Regola*. Siena: Cantagalli, 1971.

BOAVENTURA. *Breviloquium*. Paris: Editions Franciscaines, 1967.

BONHOEFFER, Dietrich. *Un cristianesimo non religioso. Antologia da Resistenza e resa e Lettere alla fidanzata*. Padova: Edizioni Messagero, 2005.

BORDEYNE, Philippe; MORRILL, Bruce T. (eds.). *Les Sacrements;* révélation de l'humanité de Dieu. Volume offert à Louis-Marie Chauvet. Paris: Cerf, 2008.

BRETON, David Le. *Le Saveur du monde*. Paris: Editions Métailié, 1993.

CAMPO, C.; DRAGHI, P. (orgs.). *Ditos e feitos dos Padres do Deserto*. Lisboa: Assírio & Alvim, 2003.

CERTEAU, Michel de. *L'Étranger ou l'union dans la différence*. Paris: Seuil, 2005.

_____. *La Fable mystique (XVIe-XVIIe siècle)*. Paris: Gallimard, 1987. Vol. I.

_____. *La Fable mystique (XVIe-XVIIe siècle)*. Paris: Gallimard, 2013. Vol. II.

_____. *La Faiblesse de croire*. Paris: Seuil, 1987.

_____. Mystique. *Encyclopoedia universalis*. Disponível em: <http://www.universalis.fr/encyclopedie/mystique/>.

CHESTERTON, G. K. *Ortodoxia*. Lisboa: Aletheia, 2008.

CORREIA, José Frazão. Entre-tanto. *A difícil bênção da vida e da fé*. Lisboa: Paulinas, 2014.

CUSA, Nicolau de. *Visão de Deus*. Lisboa: Fundação Calouste Gulbenkian, 1998.

DE COL, Rossano Zas Friz. La via mistica: i sensi altrove. In: *Mysterion* 5 (2012/1) 15-24. Disponível em: <www.mysterion.it>.

DOLTO, Françoise. *No jogo do desejo*. Lisboa: Relógio d'Água, 1993.

FOCILLON, Henri. *A vida das formas, seguido de Elogio da mão*. Lisboa: Edições 70, 2001.

GIL, José. *A profundidade e a superfície*; ensaio sobre o *Principezinho* de Saint-Exupéry. Lisboa: Relógio d'Água, 2003.

GUARDINI, Romano. *O espírito da liturgia*. Rio de Janeiro: Edições Lumen Christi, 1942.

HAN, Byung-Chul. *La sociedad del cansancio*. Barcelona: Herder, 2012.

HESCHEL, Abraham Joshua. *The Sabbath*; Its Meaning for Modern Man. New York: Noonday, 1951.

HILLESUM, Etty. *Diário 1941-1943*. Lisboa: Assírio & Alvim, 2009.

INÁCIO DE LOYOLA. *Exercícios espirituais*. Braga: Apostolado da Oração, 2012.

KUNDERA, Milan. *A lentidão*. Porto: Asa, 1997.

JOÃO DA CRUZ. *Obras completas*, Paço de Arcos: Edições Carmelo, 2005.

GUERRA, Tonino. *O mel*. Lisboa: Assírio & Alvim, 2004.

LISPECTOR, Clarice. *Água viva*. Rio de Janeiro: Rocco, 1998.

LOPES, Adília. *Dobra*. Lisboa: Assírio & Alvim, 2014.

MANICARDI, Luciano. *Raccontami una storia. Narrazione come luogo educativo*. Padova: Edizioni Messagero, 2012.

MATTOSO, José. *A escrita da história*. Lisboa: Editorial Estampa, 1997.

McLUHAN, Marshall. *Compreender os meios de comunicação*. Lisboa: Relógio d'Água, 2008.

MENDOZA-ÁLVAREZ, Carlos. *O Deus escondido da pós-modernidade. Desejo, memória e imaginação escatológica*. São Paulo: Realizações Editora, 2011.

MERLEAU-PONTY, Maurice. *L'Œil et l'esprit*. Paris: Gallimard, 1964.

_____. *Le Visible et l'invisible – Notes de travail*. Paris: Gallimard, 1979.

_____. *Phénoménologie de la perception*. Paris: Gallimard, 1976.

MERTON, Thomas. *New Seeds of Contemplation*. New York: New Directions, 1962.

_____. *The Seven Storey Mountain*. New York: Harcourt Brace & Company, 1948.

MONTAIGNE, Michel de. *Essais*. Paris: Presses Universitaires de France, 1988.

MOURÃO, José Augusto. *Quem vigia o tempo não semeia*. Lisboa: Pedra Angular, 2011.

ORÍGENES. *Traité des príncipes*. Paris: Cerf, 1976. Vol. I.

PALLASMAA, Juhani. *Los ojos de la piel. La arquitetura y los sentidos*. Barcelona: Editorial Gustavo Gili, 2014.

PANNIKAR, Raimon. *Mistica; plenitud de vida*. Barcelona: Fragmenta, 2009.

PASTOUREAU, Michel. *Bleu; histoire d'une couleur*. Paris: Seuil, 2002.

PERRIN, Joseph. *Como a sentinela espera a aurora*. Fátima: Apostolado do Rosário, 2007.

PESSOA, Fernando. *Alberto Caeiro. Poesia*. Lisboa: Assírio & Alvim, 2001.

_____. *Livro do desassossego. Composto por Bernardo Soares, ajudante de guarda-livros na cidade de Lisboa*. Lisboa: Assírio & Alvim, 1998.

_____. *Poemas de Álvaro de Campos*. Lisboa: Imprensa Nacional-Casa da Moeda, 1990.

PROUST, Marcel. *Em busca do tempo perdido*. Lisboa: Relógio d'Água, 2003. I. Do lado de Swann.

RAHNER, Karl. *O cristão do futuro*. São Paulo: Editorial Fonte, 2004.

RECALCATI, Massimo. *Ritrati del desiderio*. Milano: Raffaelo Cortina Editore, 2012.

RILKE, Rainer Maria. *Sur Rodin*. Paris: André Versaille éditeur, 2009.

ROSA, Antônio Ramos. *Poesia presente*. Lisboa: Assírio & Alvim, 2014.

SAINT-EXUPÉRY, Antoine. *O principezinho*. Lisboa: Presença, 2011.

SALMANN, Elmar. *Passi e passagi nel cristianesimo. Piccola mistagogia verso il mondo della fede*. Assisi: Cittadella Editrice, 2009.

_____. *Presenza di Spirito. Il cristianesimo come stile di pensiero e vita.* Assisi: Cittadella Editrice, 2011.

SAMPEDRO, José Luis. *La sonrisa etrusca.* Barcelona: Debolsillo, 1999.

SAUNDERS, Cicely. *Velai comigo.* Lisboa: Universidade Católica Editora, 2013.

SILESIUS, Angelus. *A rosa é sem porquê.* Lisboa: Vega, 1991.

SICARD, Monique. *A fábrica do olhar. Imagens de ciência e aparelhos de visão – século XV-XX.* Lisboa: Edições 70, 2006.

TAGORE, Rabindranath. *Coração da primavera.* Braga: Apostolado da Oração, 1987.

ZARRI, Adriana. *Teologia del cotidiano.* Torino: Einaudi, 2012.

WEIL, Simone. *Espera de Deus.* Lisboa: Assírio & Alvim, 2005.

Sumário

1. PARA UMA ESPIRITUALIDADE DO TEMPO PRESENTE

Há mais espiritualidade no corpo 10
O corpo é a língua materna de Deus 12
A sociedade do cansaço 13
Combater a atrofia dos sentidos 14
Do lado do sofrimento 15
Do lado do luto 16
Do lado do aprisionamento da vida pela rotina 17
Do lado do excesso de comunicação 18
Redescobrir o tato 19
Regressar ao paladar 20
Revisitar o olfato 22
Retornar à audição 23
Abrir a visão 24
Um projeto de espiritualidade 26
Encontrar uma relação nova com o tempo 27
Descobrir-se amado 28
Uma mística de olhos abertos 30
O significado de mística 31
Apenas um "ou... ou"? 32
Creio na nudez da minha vida 34
O sacramento do instante 35

2. PARA UMA TEOLOGIA DOS SENTIDOS

Pórtico 39
Tocar o que nos escapa 43
    Tocados, apenas isso 43
    Às apalpadelas, como se víssemos 43
    Modos de tocar 44
    A minha vida apenas toca a franja 44
    Desce à casa do oleiro 46
    O tato de Jesus 46
    A fé é uma relação tátil 48
    O Espírito vem como gesto de Deus 49
    Tocados pela esperança 50
    A solidão que nos toca 51
    Deixe-se tocar 52
    A descoberta sensível de Deus 52
    Agradecer o que não nos dão 54
    Tomé tocou em Jesus? 56
    "Que amo eu quando te amo?" 57
    Trocar de mãos 58
    Deixar-se tocar pela misericórdia 60
    Quando não nos deixamos tocar 60
    O toque em saúde 61
    Temos de aprender 62
    O que é um abraço? 62
Buscar o infinito sabor 63
    O sabor das origens 63
    A Bíblia contada pelos sabores 64
    Um pão de mil sabores 65
    Saborear Deus 65
    O sabor em que nos tornamos 67
    Um novo protocolo ao redor da mesa 68
    O sabor daquilo que nos alimenta 70
    Por vezes fazem-se banquetes apenas com palavras 70

    "Bom domingo e bom almoço"... 71
    Quando não comer é uma oração 72
    O elogio da simplicidade 74
    Quem dá de beber a quem.. 75
    O que é feito do nosso desejo?.. 76
    No deserto acordas uma fonte 78
    Devagar para saborear... 79
    Nós somos o país da água, no entanto... 80
    A solidão que nos encaminha para a fonte 82
    Sentir e saborear... 82
    Tempo necessário para colher o sabor................................. 83
    "O único sabor".. 85

Colher o perfume do instante 87
    A linguagem invisível do olfato.. 87
    O meu odor conta a minha história.. 87
    Pelo perfume chega-se ao âmago de uma vida.................. 88
    O odor é a primeira oração.. 88
    Para Deus somos um odor.. 89
    Para ler com o nariz 90
    A consolação do perfume 92
    Perfume e hospitalidade.. 93
    O desperdício necessário.. 94
    A casa se encheu com a fragrância do perfume................ 96
    O perfume da fé.. 98
    O nariz na Bíblia 99
    Perfume e espaço sagrado 99
    A desqualificação do olfato.. 100
    O controle social dos odores 101
    O odor e a memória... 102
    O aroma do café.. 102
    O odor nos protege.. 103
    Uma antiutopia.. 103
    Pequenas epifanias 104
    Só a paciência nos leva ao odor do instante 104

Escutar a melodia do presente 107
    Abre o ouvido do teu coração 107
    Quando o barro escuta o sopro 107
    A escuta é uma forma de hospitalidade 108
    Ouvir a floresta crescendo 108
    A alegria errante 109
    A escuta e o sabor da presença 110
    Viver na escuta do Evangelho 111
    A obediência como exercício de escuta 112
    "Quem tem ouvidos, ouça o que o Espírito diz" 113
    Torne-se surdo e você ouvirá 114
    Uma escuta esquecida 115
    A arte da escuta é um exercício de resistência 116
    Você ama aquele que verdadeiramente escuta você ... 117
    Ouvir o silêncio 118
    Aprender a escutar o que pedimos 119
    A música deixa-se ouvir simplesmente 120
    A voz do real 122
    O que está sendo dito para nós 122
    Ao ouvir o varredor das folhas caídas 124

Olhar a porta entreaberta do instante 127
    Levantando os olhos 127
    O sequestro do olhar 128
    O drama do jardim 128
    Uma palavra que nos sirva de espelho 129
    Eu vi o teu sofrimento 130
    Venha ver o sol que está nascendo 131
    A noite é brilhante 131
    As aprendizagens do olhar 132
    "Tu, o que vês?" 133
    "Quando a candeia te ilumina com o seu fulgor" 136
    Olhar de frente para o mistério da cruz 136
    O terapeuta do olhar 137
    No interior mesmo desta fraqueza 137

Assumir a insuficiência do meu olhar 138
Só começamos a ver quando reparamos 140
Abra os olhos 140
Poder olhar-me a mim 143
Não desistas de olhar o mundo pelos olhos de Deus 144
Os olhos têm dois ofícios 145
A contemplação começa quando aceitamos que não sabemos ver 146
Aceder à profundidade da vida 147
"Espelho, espelho meu" 148
As maçãs de Cézanne 148
Esperar para ver florir 149
Olhar as criaturas 150
Construir a atenção 152
A cada instante reaprendemos 153
Olha tudo de novo pela primeira vez 153
O que é que eu vi? 155
Mendigos olhando a lua 155
A cor do que não chegamos a ver 156
Olhar sem medo para o futuro 157
Mal vejo uma nuvem 158

Bibliografia 159

CONHEÇA TAMBÉM OUTROS TÍTULOS DO AUTOR PUBLICADOS POR PAULINAS EDITORA

Paulinas

Rua Dona Inácia Uchoa, 62
04110-020 – São Paulo – SP (Brasil)
Tel.: (11) 2125-3500
paulinas.com.br – editora@paulinas.com.br
Telemarketing e SAC: 0800-7010081